D1731607

Fritz Hockenjos   Von einem Jahr zum andern

Herrn Pfarrer Jillessen
zum 51. Geburtstag
mit allen guten Wünschen

Familie Fritz Hockenjos

St. Märgen, 21. 8. 1983

Fritz Hockenjos

Von einem Jahr zum andern

Aus dem Tagebuch eines Wanderers 1980 – 82

MORITZ SCHAUENBURG VERLAG
Lahr/Schwarzwald

Meiner lieben Frau

1983
© Moritz Schauenburg Verlag, Lahr/Schwarzwald
Gesamtherstellung Moritz Schauenburg GmbH & Co. KG
Graphischer Großbetrieb, Lahr/Schwarzwald
ISBN 3–7946-0222 6

Inhalt

Vorwort

Für einen Wanderer gehört es zu den Annehmlichkeiten des Ruhestandes, nach Herzenslust wandern zu können, wann und wo es ihn gerade lockt; er ist nicht an Wochenenden oder Urlaubszeiten gebunden. So bin ich auch in den jüngsten drei Jahren gewandert, wie es sich gerade gab, ohne planmäßige Auswahl der Gegenden und der Jahreszeiten, und so habe ich auch meine Eindrücke aufgeschrieben. Man erwarte daher keine kunstgerecht aufgebauten, thematisch und stilistisch abgerundeten Berichte, keine umfassenden Informationen. Der Reiz einer Wanderung liegt ja gerade in den mehr oder weniger zufälligen, oft überraschenden und eben darum lebendigen Eindrücken und Erlebnissen.

Wenn es in den Wanderungen dieser Jahre trotzdem so etwas wie einen verbindenden roten Faden gab, so war es die Suche nach Natur in der Kulturlandschaft. Je mehr unsere Welt industrialisiert wird, um so größer wird der Hunger nach dem Erleben von freier Natur und Landschaft. Es müssen aber nicht Urwälder und Wildnisse, nicht mindestens Nationalparks, Naturschutzgebiete und Bilderbuchlandschaften sein. Natur erleben kann der Wanderer überall, auch in Gegenden ohne heroische Gebärden, ohne Attraktionen und Sensationen – ja, dort vielleicht sogar eindrucksvoller als in vielgerühmten, vielbesuchten Naturlandschaften.

Sage ich das in der Selbstbescheidung des alternden Fuchses, dem unberührte Natur immer unerreichbarer und die Trauben immer saurer werden? Jedenfalls lockt es mich mehr und mehr, auch Gegenden zu durchwandern, die ich längst zu kennen glaubte oder die ich bisher übersah, weil sie mir unbedeutend und nichtssagend schienen. Das erzieht mich zu einer neuen, gründlicheren Art des Sehens und reizt mich, den Auseinandersetzungen zwischen Natur und technisch orientierter Wirtschaft nachzugehen, die ja doch eigentlich unserer Welt zum Schicksal werden.

Es mag heute noch Wanderer geben, die es fertigbringen, als unbekümmerte Romantiker durch Natur und Landschaft zu laufen. Dabei werden sie auf Schritt und Tritt mit der Nase auf die Spuren jener Auseinandersetzungen gestoßen. Ältere Wanderer erinnern sich, was früher war, und sehen, was sich in einem Menschenalter verändert hat. Nicht allein Städte und Dörfer, sondern auch Natur und Landschaft haben sich verändert, kaum zum Besseren, und unsere Trauer ist berechtigt, aber auch unser Zorn, wo Ursprüngliches ohne Not zerstört wurde. Doch bei Zorn und Trauer darf es nicht bleiben. Man muß die Notwendigkeit wirtschaftlicher Veränderungen, aber auch der Erhaltung der natürlichen Lebensgrundlagen erkennen. Muß prüfen, wo etwa alte Sünden wiedergutgemacht und neue verhindert werden können. Und muß etwas tun, jeder in seinem Bereich, den er überschauen kann und für den er verantwortlich ist. Man kann, beispielsweise, die eigene kleine Kraft in einen großen, starken Verband einbringen.

Wanderer, die tun, was in ihrer Macht steht, brauchen aber auch nicht bitter zu werden und schwarz zu sehen. Guten Gewissens dürfen sie sich freuen an dem, was trotz allem noch da ist. Auch auf der übervölkerten, geschundenen Erde gibt es Pfade, die noch nie gegangen, Schönheiten, die noch nicht entdeckt sind. Gesunde Natur ist auch in der Kulturlandschaft zu finden. Immer noch leuchtet auch in der zunehmend verarmenden Natur und in der mißhandelten Landschaft der ferne Abglanz des Paradieses und die Ahnung einer heilen Welt. Solange die Erde steht, wird nicht aufhören Werden und Vergehen, Vergehen und Werden und in allem der Lobpreis der Schöpfung. Es gibt noch eine Hoffnung.

Durch die Schwarzwaldvorberge
22. – 24. April 1980

Obwohl ich nunmehr seit einem Menschenalter auf dem hohen Schwarzwald daheim bin, werde ich wohl doch nie ein echter Wälder werden – einer, der das alljährliche monatelange Tauziehen zwischen Winter und Frühjahr mit Gleichmut hinnimmt. Sooft es drunten im Land grünt und blüht, während bei uns an den Winterhalden noch Schnee liegt, werde ich unruhig. Eines Tages halte ich es nicht mehr aus, salbe meine Wanderschuhe und schnüre den Rucksack, um am nächsten Morgen in aller Frühe mit dem Postauto davonzufahren, hinunter natürlich, irgendwohin, wo man keinen Schnee mehr sieht und den Frühling schmeckt. Im vorigen Jahr, als ich drei Tage durch die Rheinwälder lief, fiel mir ein, daß ich es eigentlich auch einmal mit den Schwarzwaldvorbergen zwischen Lahr und Emmendingen versuchen könnte – wieder einmal, nach fünfzig Jahren.

22. 4.

Meine Wanderung beginnt in Lahr und gilt heute dem Gebiet nördlich des Schuttertals. Auf Straßen und Gassen, die ich seit fünfzig Jahren nicht mehr ging, laufe ich durch die mir fremd gewordene Vaterstadt zum Gewann der Heeg. Am Wiesenhang zum Wald hinauf, wo vor hundert Jahren mein Vater noch seines Vaters Schafe hütete, stehen jetzt lauter Einfamilienhäuser.

Die Matten in der Heeg, soweit nicht Baugebiet, sind noch immer mit Obstbäumen bestückt, deren Blust an diesem grauen, trüben Morgen mißlaunig wirkt. Auch ich bin, offen gestanden, ein wenig verstimmt; es ist alles so anders, als es in meiner Erinnerung lebte und ich es mir für diese Wiedersehenswanderung vorgestellt habe. Wenn ich an Lahr dachte, war mir der Hügelsaum zwischen Vorbergen und Ebene stets im milden Licht der oberrheinischen Frühlingssonne erschienen; nun ist das Wetter unfreundlich, die ersehnte Schau über die flache Lößhügelschwelle hinaus auf die Ebene mit dem Straßburger Münster und zu den Vogesen verhangen, ohne Licht und Farbe, und mit dem Fotografieren ist es nichts – wie gern hätte ich ein paar stimmungsvolle

Bilder aus dem Jugendparadies heimgebracht! Ich bin auf dem besten Wege, die Flügel hängen zu lassen, da lacht in den Obstbäumen ein Grünspecht – der »Langenhardter Hengst« hieß im Lahr meiner Bubenjahre der Vogel, der mit seinem wiehernden Ruf Regen ankündigt. Seit ich auf dem Schwarzwald lebe, wo es keine Obstbäume gibt, habe ich den Grünspecht nicht mehr lachen hören, und jetzt ist sein Ruf wie ein Zauberwort. Mit einem Mal ist der Himmel nicht mehr freudlos und Lahr nicht mehr fremd. Zwar ist nicht zu übersehen, daß die Stadt stark in die Breite gegangen ist wie eine gute, eßlustige Tante, aber eigentlich ist sie doch noch die liebe, alte. Da liegt sie wie eh und je, vom Baumschopf des Schutterlindenbergs beschirmt, vor sich das weite Ried, hinter sich das umwaldete Tal, eine Klammer zwischen den beiden so verschiedenen Landschaften und ihren nicht minder verschiedenen Menschen, selber indessen mit ihren »Lohrern« von durchaus eigener Art. Und ob es mir paßt oder nicht, ein Lohrer, wenn auch ein davongeloffener, bin ich selber trotz der fünfzig Jahre noch.

Ich stapfe durchs nasse Gras der Heeg, durch Löwenzahn und Wiesenschaumkraut, zur Linken hügeln sich sanft die Felder nach der Ebene hinaus. Zur Rechten steigt der Hang auf zum Waldtrauf, der die Grenze zwischen lößüberlagertem Kalk und nährstoffarmem rotem Sandstein anzeigt. Noch stehen die Eichen kahl und schwarz, doch die Buchen warten schon im frischen Laubkleid auf die Sonne, um in ihm zu prunken. Dann schlüpft der Pfad in den vorspringenden Zipfel des Heiligenzeller Waldes. Hinter der schönen Kulisse eines Altholzsaumes erstrecken sich weite Jungwaldflächen; die alten Laubholzbestände meiner Jugend sind zusammengeschrumpft, nun ja, alles hat seine Zeit, auch im Wald macht das Alte dem Jungen Platz. Wie ein Genießer wandere ich durch das junge Buchenlaub. In die Jungbestände mischen sich Gruppen und Horste von Tannen und Fichten, Lärchen und Douglasien, doch gibt das bodenständige Laubholz noch immer den Grundton an. So gefällt's mir! Hier möchte ich in hundert Jahren wieder vorbeikommen!

Vor lauter Waldeslust habe ich nicht gemerkt, daß es zu sprühen begann, und als der Weg wieder am Waldrand entlangläuft, hat sich milchige Trübe aufs Land gelegt; kaum sind in den Hügelfalten die Dörfer Heiligenzell und Friesenheim auszumachen. Oberweier streife ich bei den hintersten Häusern, dann laufe ich im Nieselregen durch den Wald, ein bißchen auf, ein bißchen ab, große Höhenunterschiede werden einem in den Vorbergen ja nicht zugemutet. Unter den alten Eichen und Buchen drängt sich Weißtannenjugend von der Höhe herab in die untersten Lagen. Geradezu mit Gewalt schießt der Aufwuchs aus dem Boden, hecheldick. Einem alten Schwarzwaldförster und Tannenfreund müßte bei dem Anblick das Herz höher schlagen, doch ist mir gar nicht wohl bei diesem Aufmarsch. Die Weißtanne gehört ins Gebirge. Hier unten geht es ihr zu gut, und sie wird anfällig für mancherlei Bresten.

Die Häuser von Diersburg tauchen auf. Auch das alte Nest, das so heimelig in die Waldhöhen gebettet ist, hat neue, breite Jahrringe angelegt. Ich durchquere das Dorf, ohne daß sich ein Mensch sehen läßt; Hunde bellen mir nach. Ich wandere das Wiesental hinauf, dessen Waldhänge immer enger und steiler zusammenrücken. Auf einem niedrigen Buckel im Talgrund hockt die Burgruine und weckt Erinnerungen an erste Wanderungen, an romantische Sonnwendfeuer, an Lieder und Klampfen.

Ein Steinbruch am Talsträßchen zeigt Gneis an, kristallines Grundgebirge, und jetzt beginnt der richtige Schwarzwald. Im Lahrer humanistischen Gymnasium kam zwar Botanik und Zoologie, kaum aber Geologie im Unterricht vor, und so wußte ich auch nichts von einer »Schwarzwald- randverwerfung«, die die niedrige »Lahr-Emmendinger Buntsandstein-Platte« der Länge nach vom höheren Grundgebirge trennt. Immerhin hat schon für den Schüler gefühlsmäßig der »rich- tige Schwarzwald« erst hinter jener Verwerfung, mit dem Grundgebirge, begonnen. Ja, jetzt stockt Bergwald mit hohen Tannen in den Hängen und bedeckt in weiten, geschlossenen Bestän- den die Höhen. Aber je höher das Tal ansteigt, um so mehr mischen sich zu meiner Verwunde- rung Flocken in den Sprühregen, und noch habe ich die 500-m-Höhe nicht erreicht, als Schneege- stöber und dickes Gewölk mit einhüllt. So war es mit dem »richtigen Schwarzwald« ja nun nicht gemeint – das hätte ich daheim in St. Märgen einfacher haben können.

Beim Bildstöckle auf der Wasserscheide zwischen Kinzig und Schutter widerstehe ich standhaft der Verlockung, den nächstbesten Weg über die Juliushütte nach Lahr hinab einzuschlagen, und eisern trotte ich den vorgenommenen Weg unterm Rauhkasten hin zum Geroldseck. Ich laufe sonst gern durch Nebelwald und lasse mich von den Bäumen überraschen, wenn sie wie Schemen aus dem Nichts auftauchen und hinter mir im Nichts verschwinden. Doch der Weg streckt sich, der

Schnee bleibt liegen und deckt das frischgeschlüpfte frierende Buchenlaub und das dunkle Nadel-
gezweig des Tannenunterstandes unter den hohen Bäumen. Polster wachsen mir auf Kopf und
Schultern, und Schmelzwasser rinnt übers Gesicht und ins Genick. Was soll ich bei Nebel eigent-
lich auf der Ruine Hohengeroldseck? Nach einer halben Stunde erliege ich der Versuchung eines
Wegweisers, der verspricht, mich aus dem Nebelwald und Schneematsch ins Wiesental des
Gereuts zu führen.

Drunten ist es hell und grün und trocken, nur um die Höhen braut das Gewölk. In den Matten
unter den Waldhängen reihen sich in weiten Abständen die schönen Schwarzwaldhöfe. Im ersten
Weltkrieg hat die Mutter mit mir tapfer diese Höfe einen nach dem anderen abgeklappert, um
etwas Nahrhaftes zu ergattern, und ein bißchen was hat es auch immer gegeben, vielleicht weil das
schwächliche Büble an der Hand der Mutter das Herz der Bäuerinnen rührte. Was einem bloß
alles wieder einfällt, wenn man nach langer Zeit in das Land der Kindheit kommt! Während ich
durchs Gereut so vor mich hin wandere, rieche ich wieder die alten Bauernstuben, die inzwischen
gewiß gelüftet und mit modischen Möbeln ausstaffiert sind. Und ist das da drüben nicht der Hof,
bei dem ein Mispelbaum stand und ich das einzige Mal in meinem Leben die teigige Frucht, halb
Apfel, halb Birne, versuchte. Inzwischen ist dieses derbbäuerliche Obst aus der Mode gekommen,
auch Bauernkinder essen lieber Bananen, und die Mispel gibt es im Schwarzwald wohl nirgends
mehr. Ob ich nicht Freund Schilli darauf ansprechen und ihm vorschlagen soll, beim Vogtsbauern-
hof ein paar Mispelbäume zu pflanzen?

Ich bin heute noch keiner Menschenseele begegnet, und das Wandern durch den trüben Tag hat
das Erinnern und Sinieren begünstigt. Doch als ich das Gereut hinaus trabe, sickert im Westen
über der Ebene ein bißchen Licht vom Himmel, und als ich in Reichenbach das Schuttertal
erreiche, blinzelt gar die Sonne durch die Wolken. Von solchen Andeutungen bleibt auch ein
harter Mann nicht unberührt, und in Erwartung eines aufheiternden Nachmittags mache ich es
mir auf einer Bank an der glutternden Schutter bequem. Danach bummle ich gemächlich im
Waldrand talauswärts, Lahr zu. Dabei hätte ich doch wissen müssen, daß man bei dieser Großwet-
terlage Lichtblicken nicht allzusehr trauen darf. Im Herumschauen wallt denn auch von Nordwesten her ein häßlicher schwarzer Wolkenwust über den Altvater, ein grauweißer Regenvorhang

schleift übers Tal herüber und erwischt mich, daß es nur so auf meinen Umhang prasselt. Doch deswegen beschleunige ich den Schritt noch lange nicht, grad z'leid nit. Ich ziehe den Kopf ein und lasse es prasseln.

Kurz vor Lahr zieht hinter der Regenwolke heiteres Blau herauf, ich habe es ja gleich gewußt! Eine Woge Sonnenschein schwappt drüben den Waldhang herab, läßt die roten Sandsteinbrüche aufleuchten, und jetzt jubelt der Wald um mich her im Schmuck des jungen Buchenlaubs, ein festliches Gefunkel. Wo die Strahlen auf den Waldboden treffen, beginnt Dampf sich zu kräuseln, und auch ich lasse mich wohlig umspülen, die letzte Viertelstunde dieses Wandertages. Wie wenig gehört dazu, einen Wanderer glücklich zu machen!

Freudig gestimmt betrete ich die Heimatstadt, laufe durch die Feuerwehrstraße, die Schützenstraße, die Kirchstraße, die Metzgerstraße und begrüße manch altbekanntes Haus, das zu meiner Befriedigung noch nicht einem Betonkasten Platz gemacht hat. Mir ist, als müßte jedermann mir ansehen, daß da ein alter Lohrer heimkehrt, doch von den vielen Menschen kennt mich keiner, kenne ich keinen. Nur mein Schwesterherz erwartet mich mit dem Kaffee. Dazu hat sie beim Bäcker Murren geholt, die es so mürb halt nur in Lahr gibt.

23. 4.

Abschied von der Vaterstadt. Heute geht's auf dem »Randweg« südwärts, kurz über Feld, lang durch Wald, immer so zwischen 200 und 400 m über Meereshöhe dahin, nichts Überwältigendes also. Wie weit ich komme, ist noch ungewiß. Laut Wetterbericht dauert die Zufuhr kalter Polarluft an.

Als ich aus der Stadt durch die Felder des breiten Lößrückens mich warm laufe, hat hinter mir der Nebel dem Schutterlindenberg den Baumschopf weggenommen. Vor mir in der Talmulde das alte Dorf Sulz ist zu einem Stadtteil von Lahr geworden. Ich durchquere es wie einen fremden Ort, aber in den Gassen und Gäßchen des Dorfkerns, wo noch bunte Palmstecken in den Hausgärten stehen, wird der unbekannte Wanderer freundlich begrüßt.

Dann geht's den Uhlsberg hinauf in das große geschlossene Waldgebiet, das die Buntsandsteinplatte bedeckt, die Waldungen der alten Ettenheimer Mark. Und wieder wird es ein langes, einsames Wandern, doch jetzt im Alter ist einem das gar nicht unlieb; dabei kommen einem die gescheitesten Gedanken. Bloß wird man ein wenig maulfaul. Einmal rollt im Auto der junge Förster an mir vorbei, und weil er nicht dergleichen tut, tue ich auch nicht dergleichen. Einem altgedienten Forstmann wird es in diesen Wäldern ohnehin nicht langweilig. Er betrachtet die Bestände mit kritischer Sympathie; über manches freut er sich, über manches, was ihm nicht einleuchtet, bruttelt er vor sich hin. Die alten Bestände haben noch einen hohen Laubholzanteil, die jungen werden zusehends nadelholzdunkler. Die Douglasie, die in den Vorbergen allenthalben in die Kulturen eingebracht wird? Erst neulich war amtlicherseits vorwurfsvoll zu lesen, das Unbehagen mancher Waldfreunde an der Douglasie sei angesichts der großen Vorzüge dieser Baumart nicht recht verständlich. Mit Verlaub, Herr Forstpräsident, nicht die Amerikanerin verursacht mir Unbehagen; Unbehagen verursacht mir vielmehr das einfallslose »Abrasieren und Douglasieren«, das oft auch ohne Not zu unguten Reinbeständen führt! Einverstanden?

Zuweilen zieht mein Weg am Waldrand hin, und das Auge darf ins Freie schweifen. »Vogesenblick« heißt ein schön angelegter Wald-Parkplatz, doch mit dem Blick zu den Vogesen ist es auch heute nichts. Schon die Ebene verliert sich im dünnen Nebel. Kaum ist Ettenheim am Rande der Hügelzone zu erkennen. Herwärts jedoch breiten sich die flachen, leicht gewellten Lößhügel mit Matten, Äckern und Reben und zuweilen in einem weißschäumenden Meer von Obstbäumen den Dächern eines Dorfes. Zuerst Schmieheim, dann Wallburg und Münchweier, später Broggingen und Bleichheim, eines nach dem andern zieht an mir vorüber.

Für den Wanderer, der mit Vorliebe urwüchsige Natur sucht, ist hier nichts zu finden; unberührte Natur gibt es in den Vorbergen seit tausend Jahren nicht mehr. Aber gerade ihm tut es gut, am Waldrand entlang wandernd draußen im alten Kulturland dem Ineinander von Natur und Kultur nachzuforschen. An diesem grauen Tag, wo kein Sonnenschein, kein Fernblick die Landschaft verklärt und das Auge verführt, zeigen sich ihm deutlicher die Spuren, die Generationen hinterließen, die Ackerterrassen und Feldraine, die die Natur längst überkleidet hat, und jene auch, die, erst jüngst flurbereinigt, noch nackt liegen und auf die Rückkehr der Natur warten. In der Kulturlandschaft, meine ich, muß noch etwas zu vernehmen sein von der Zwiesprache zwischen Natur und Mensch. Zeugen und Bürgen fortdauernden Zwiegesprächs sind Baum und

Busch. Wo in der Feldflur für wilde Bäume und Sträucher kein Platz mehr ist, ist auch keine Kulturlandschaft mehr; Zivilisationslandschaft allenfalls.

Am Mittag, beim Abstieg in den Wiesengrund des Bleichtals, lockert sich die Wolkendecke auf und läßt ein bißchen Sonne durchscheinen. Jetzt ist auch Vogelgezwitscher zu hören. Im Kenzinger Wald hinter Kirnhalden sind die Holzhauer an der Arbeit, das frischgefällte Eichenholz riecht essigsauer. Beim Aufstieg zum Vogtskreuz wird mir zum ersten Mal auf dieser Wanderung warm, und droben kann ich mich auf der Bank vor der Schutzhütte zu einem Mittagsschläfchen ausstrekken. Ich habe es verdient, meine ich; das unlustige Wetter hat mich ganz schön auf den Trab gebracht.

Weiter über die Hochfläche durch den Vierdörferwald, wohlgepflegte Mischbestände von Buchen und Eichen, Tannen und Lärchen und unter ihnen dunkelgrün glitzernde Stechpalmennester. Je länger ich sie durchwandere, um so mehr fühle ich mich in ihnen wieder daheim. Fünfzig Jahre lang hat bei mir nur der Bergwald etwas gegolten – wie konnte ich bloß darüber die Eigenart und Schönheit der Vorbergwälder vergessen?

Als ich oberhalb Landeck aus dem Wald trete, liegt die weite Breisgaubucht vor mir ausgebreitet. Hab ich einmal gesagt, die Wanderung durch die Vorberge biete nichts Außergewöhnliches? Da habe ich zumindest nicht an die überraschende Schau beim Waldaustritt ob Landeck gedacht. Eine milde Spätnachmittagssonne streichelt das Land und modelliert mit schrägen Strahlen die Hügel. Auge und Herz erquicken sich an der efeuumsponnenen Burgruine inmitten der Ziegeldächer des Weilers, am hellgrünen Buchengrün der Waldträufe, am Prozellanweiß der Baumblüte, an den blaßblauen Lücken im Wolkenhimmel über allem. Die leichtbewegte Linie des Kaiserstuhls und des Tunibergs begrenzen den Blick nach Westen. Im Süden und Osten die Berge des hohen Schwarzwalds stecken in den Wolken, aber die Schneeflächen des Feldbergs heben sich aus dem Grau, und am Fuß des Gebirges schimmert die Perlenkette der Ortschaften bis hin nach Freiburg. Die weite Breisgaubucht bietet das Bild einer geschichtsträchtigen, wohlbebauten und insgesamt noch naturnah gebliebenen Wirtschafts-, Wohn- und Erholungslandschaft, die also recht eigentlich eine Kulturlandschaft genannt werden darf.

15

Weil sich in Landeck kein Quartier für die Nacht findet, muß ich zum Abschluß des Tages noch zwei Kilometer Landstraße nach Mundingen schläppeln, dann ist für heute Feierabend. Gern hätte ich im Gasthaus einen Mundinger vom Faß getrunken, doch es gab keinen.

24. 4.

In der Nacht hat es geregnet. Das Land verschwimmt im Nebeldunst. Auf schmierigen Wegen geht es hinauf zum Wald und durch seine frischgrünen Hallen weiter nach Süden.

Als bei Windenreute der Wald sich wieder öffnet, erheben sich auf ihrem Wiesenbuckel die stattlichen Trümmer der alten Markgrafenfeste Hochburg. Ich kannte sie noch in arg verfallenem, verschüttetem, verwachsenem Zustand; heute sind sie gründlich restauriert und beherrschen weithin das Land. Ich streife um die Bastionen, durch die Räume und Mauern und studiere die staufischen Bossenquadern, gotischen Spitzbogenfenster und Renaissance-Maulscharten. Der Eifer, mit dem hier freigelegt und gepflegt wurde, in Ehren, doch will mir die Pflege allzu durchgreifend scheinen. Was soll die elektrische Beleuchtung und das Büfett im Palas? Die alten Rittersleut würden sich nicht schlecht wundern, könnten sie sehen, wie heute das Volk den Trümmern liebevollere Bewunderung entgegenbringt als je der stolzen Burg. Ich blicke hinaus ins Land und auf die Bauernhöfe am Fuß des Hügels und habe Verständnis dafür, daß man zerstörte Burgen einst als Steinbrüche für den Wiederaufbau niedergebrannter Häuser benutzt hat. Verständnis hätte ich, offen gestanden, sogar, wenn man das alte Gemäuer dem Verfall und der Wildnis überließe. Besteht der Reiz von Ruinen nicht gerade darin, daß sie von der Vergänglichkeit alles Menschenwerkes, von seinem Zurücksinken in den Mutterschoß der Natur zeugen? Von Efeu und Buschwerk überwachsen hat mir die Hochburg besser gefallen.

Südlich der Hochburg läuft die Lahr-Emmendinger Vorbergzone in einen langen, schmalen Sporn, den Hornwald, aus. Ehrensache, daß ich ihm bis zum letzten Zipfel folge. Noch einmal umgibt mich der schöne Wald der Vorberge mit Buchen und Eichen und eingesprengten Nadelbäumen, doch schon lärmt der Verkehr von Bundesstraße und Rheintalbahn herauf. Unaufhaltsam senkt sich mit mir der Sporn, immer näher schimmern durch die Bäume die Wiesen der Ebene, und dann stehe ich am Horneck, bei den Häusern von Lörch, und der rote Sandstein

17

19

23

dieser drei Tage ist zu Ende, 230 Meter überm Meer versinkt er unter den Schottern der Elztalmündung. Das Grundgebirge des Schwarzwalds tritt unmittelbar an die Ebene heran, und mächtig ragt überm Elztal der Kandel in die Wolken.

Aber streng wissenschaftlich betrachtet ist die Vorbergzone noch nicht völlig zu Ende. Jenseits der Elz taucht aus dem ebenen Wiesenland noch einmal eine Scholle auf, das Mauracher Bergle. Also mache ich mich noch einmal auf die Socken, kreuz und quer durch das Neubaugebiet von Sexau, auf der Landstraße durch die Wiesen über die kanalisierte Elz und am Gleis des Elztalbähnles entlang an den isolierten, bewaldeten Buckel heran. Ich lasse mich nicht lumpen und ziehe zum Ausklang eine Ehrenrunde auf dem Naturlehrpfad um und über den langgestreckten Hügel. Der bunte Wald beschränkt sich auf den Nordhang, die warme Sonnenseite über den Häusern von Denzlingen trägt Reben. In meiner Jugend hieß das Dorf Langendenzlingen und bestand aus einer nicht enden wollenden Zeile ländlicher Fachwerkhäuser, die sich an der Glotter entlangreihte; heute ist der Ort ins Maßlose ausgewuchert. Zum Glück hat das Mauracher Bergle nach Norden einen Riegel vorgeschoben. Der Hügel dient den modernen Denzlingern als Auslauf zu kurzem Luftschnappen, ist zugleich eine wahre geologische und waldkundliche Musterkarte und trägt überdies die Mauerreste der ehrwürdigen St.-Severins-Kapelle. Das Mauracher Bergle verdiente es wohl, Naturschutzgebiet zu werden – wie wär's, ihr Denzlinger: als eine Art Entschädigung für eure größenwahnsinnige Trabantenstadt?

Auf dem Bergle am Waldrand mache ich Feierabend; nachher geht's bloß noch die paar Schritte durch die Reben in den Ort, und dann fahre ich durchs Glottertal heim auf den winterlichen Schwarzwald. Ich lasse die drei Tage noch einmal an mir vorüberziehen. Haben sie sich gelohnt? Ich bin durch eine Landschaft gewandert, die mir aus Jugendtagen vertraut war und von der ich nichts Besonderes erwartete. Oft entsprach sie nicht mehr den Bildern, die ich mir von ihr bewahrt hatte. Doch vielleicht muß man das Land seiner Jugend im Alter noch einmal durchwandern, besinnlicher als einst, um zu entdecken, daß es bei allem Wandel weit mehr an stiller Schönheit birgt und an Beglückung zu schenken vermag, als einem je bewußt war.

Mir ist, als würde ich ohne diese drei Tage in meinem Leben etwas versäumt haben.

Von Rottweil nach Lahr
20. – 23. Mai 1980

Dienstag vor Pfingsten, 20. 5.

Rottweil lag hinter mir, die wunderbare alte Reichsstadt mit dem Benzindunst und Lärm morgendlichen Durchgangsverkehrs. Ich atmete auf und lief zu, voller Erwartung der Dinge, die mir die nächsten vier Tage bescherten. Mich lockte der »Querweg Lahr–Rottweil« des Schwarzwaldvereins, ich ging ihn in umgekehrter Richtung, wieder einmal gegen den Strich. Der Wetterbericht hatte einen trüben Tag, zeitweise Niederschläge und für den Nachmittag Gewitter vorausgesagt, aber die Sonne lachte vom Himmel. Der liebe Gott zeigte es den Wetterfröschen wieder einmal.

Um mich dehnten sich die kargen Formen der Keuper- und Muschelkalk-Hochfläche. Die Wege waren allesamt asphaltiert, die Felder flurbereinigt, ohne Baum und Strauch, nur selten von einer Waldkulisse unterbrochen, die Schläge junger Frucht frisch gespritzt, und es stank wie in einem Lazarett. Kulturlandschaft? Ein Turmfalke rüttelte über dem Feld – was er da wohl noch zu erbeuten hoffte? Am südlichen Horizont, im blausilbernen Dunst, stand zart und irgendwie tröstlich die bewegte Umrißlinie der Schwäbischen Alb.

Die Autobahn fuhr quer durch die Hochfläche, und endlich war ein Tal tief in die Muschelkalktafel eingeschnitten. Die Hänge trugen Kiefernwald, eine Krause von Schlehenblust säumte die Waldränder, und im Wiesengrund barg sich ein Dorf, Horgen. Die Weiden am Bach waren in Schleier ersten Grüns gehüllt, ich stieg hinunter und westwärts durch Bestände von Fichten und Fohren wieder zur kahlen Hochfläche hinauf. Jetzt war sie goldgelb wie ein Eierkuchen, als gäbe es außer Löwenzahn keine andern Wiesenblumen mehr. Aber auf einer Geländewelle kam der große Augenblick, wo auf den Äckern der Boden sich rötete und mit dem Buntsandstein sich im Westen die großen dunklen Wälder ausbreiteten.

Nun ging es rasch. Hinter dem Dörfchen Fischbach nahm mich der Schwarzwald in Empfang, und die ersten Weißtannen begrüßten mich. Von den frischgeschälten Stämmen eines Holzschlags am Hang wehte Harzduft herab, und ich schnupperte, als hätte ich ihn eine Ewigkeit lang nicht mehr gerochen. Endlich kamen auch die Füße vom Asphalt herunter, der Weg zog sich an einem munteren Forellenbach aufwärts. Der Bach lockte zur Mittagsrast. Schuhe und Strümpfe raus! Das Wasser war glasklar und eiskalt, Labsal für die malträtierten Füße. Beim Geglutter des Baches und unterm Gesang der Vögel verschlief ich ein Stündchen.

Bei den paar Häusern von Burgberg wies ein Straßenschild talaufwärts ins »Paradies«, und in kurzem stellten sich denn auch einandernach ein: das erste Schwarzwaldhaus mit Schindelwalm und die Mühle am Hans-Thoma-Bächlein; wie im Fremdenverkehrsprospekt.

Und dann erschien voraus im Wiesengrund der Turm der Burgruine Waldau und nahebei ein Sägewerk, die Burgmühle von ehedem, auf der vor dem Dreißigjährigen Krieg mein Vorfahr Theiß Hackhen Joß saß. Der Name hat wohl mit dem in Rottweil und Villingen ansässigen Bürgergeschlecht der Hagg oder Hauck zu tun, denen die Burg im 15. Jahrhundert gehörte. Der Theiß war wohlhabend; er besaß zugleich einen der Höfe von Martinsweiler, die von der Zinne des Turms talaufwärts zu sehen sind. Der Zinken Martinsweiler, Stab Buchenberg der Gemeinde Tennenbronn, war von 1451 bis 1806 württembergisch und somit evangelisch. Nach dem Dreißigjährigen Krieg wanderte der Enkel des Theiß nach dem verwüsteten und entvölkerten Städtchen Lahr am Westrand des Schwarzwalds aus. Noch schrieb er sich selber Hackhenjoß, doch in den Lahrer Kirchenbüchern ist er als Hockenjos aufgetaucht.

Ich war von Rottweil her stramm zugelaufen, um in Buchenberg reichlich Zeit zu haben, auf den Spuren der Ahnen zu wandeln. In Buchenberg schien indessen niemand geneigt zu sein, den verlorenen Sohn für eine Nacht zu beherbergen. Daß ich nach einigem Hin und Her doch noch ein Quartier fand, verdankte ich dem Ratschreiber. Von ihm erfuhr ich auch, daß noch im Jahr 1851 ein Hackenjos in Buchenberg gewesen sei; ein heutiger Bürger dieses Namens ist aus der Nachbarschaft zugezogen.

In der nüchternen Welt von heute mag man sich fragen, welchen Sinn es habe, zu wissen, wer die Vorfahren waren und wo und wie sie lebten. Natürlich entdeckte ich in den Gesichtern der Buchenberger, die mir begegneten, keine verwandten Züge, und auch ich war ihnen fremd. Aber mich hat es nicht gleichgültig gelassen, als ich nun im uralten Buchenberger Kirchlein den Taufstein berührte, in dem vor vierhundert Jahren die Hackenjosen getauft wurden, und als ich über den Kirchhof ging, auf dem sie begraben liegen.

21. 5.

Morgennebel im Schwäbischen draußen, aber blauer Himmel überm Wald. Ich machte mich auf den Weg, den vor dreihundert Jahren mein Vorfahr »auß dem Dannenbrunn im Hornberger Ambt« nach Lahr zog. Sicherlich lief er nicht, wie sein Nachkomme, über die Berge – er wird die Straße über den Brogen und den Reichenbach hinab nach Hornberg, durch das Gutachtal und das Kinzigtal nach Biberach und über den Schönberg ins Schuttertal gezogen sein. Doch das Ziel war das gleiche; für ihn war es der Weg in ein fremdes Land und eine neue Heimat, mich führte er beschaulich durch das Land meiner Jugend und in meine alte Heimat.

Der Wanderweg Rottweil–Lahr umging nahezu eben in großem Bogen das Hochtal von Langenschiltach, er lief auf der Scheide zwischen Ostschwarzwälder Buntsandstein und Westschwarzwälder Granit durch Wald und Feld und gab den Blick frei bald zur Rechten in weite, waldgesäumte Wiesenmulden mit behäbigen Höfen, bald zur Linken in die Tiefen und auf die Höhen der Triberger Welt. Da hingen an den Steilhalden die kleinen Höfe wie Schwalbennester, von blühenden Kirschbäumen umstellt, und durch das Samtschwarz der Nadelwälder züngelte das Lichtgrün von Buchen und Birken. Die jungen Weißtannen zeigten an den Knospen der Zweige schon helle Spitzen, bei manchen war die durchscheinende Hülle bereits geplatzt, und je tiefer der Weg sank, um so stärker hatten sich die jungen Triebe herausgeschoben und würden bald ihre Händchen ausstrecken und das Dunkel der alten Nadeln aufheitern. Dann würden auch die ernsten Tannen für ein paar Tage lächeln. Doch das voll entfaltete Tannengrün würde rasch die Farbe der alten Nadeln annehmen, und wenn dann auch noch das frische Buchenlaub nachdunkelte, war die kurze Zeit, in der der Wald in seiner Frühlingspracht prangte, vorbei. Dann trug auch der Mischwald sein sommerliches Einheitsgrün, und der Fotograf, der die paar Maientage versäumte, mußte bis zur Herbstfärbung warten.

Der Weg senkte sich stetig in den tiefen Spalt des Gutachtals hinunter, durch lichten Wald, Fohren mit Fichten und Tannen. Die Heidelbeerstauden, die als dicker Filz den Waldboden überzogen, waren über und über mit rötlichen Blütenglöckchen behangen. Da die Blüte heuer spät einsetzte, war zu hoffen, daß sie von Spätfrösten verschont blieb und es wieder einmal zu einer reichen Beerenernte brachte.

Es ging auf den Mittag zu, und am Himmel ballten sich Wolken, häuften und türmten sich. An einer Quelle machte ich Rast, schlürfte Wasser, knabberte Knäckebrot und schnipfelte von meiner Hartwurst. Mit Behagen streckte ich mich zum Mittagsschläfchen. Ein grober Donner weckte mich, und ein paar Tropfen, die mir ins Gesicht spritzten, brachten mich auf die Beine, doch es war nichts Ernstliches, und hinter dem schwarzen Wolkenbutzen über mir näherte sich schon wieder ein Zipfel Blau.

Hornberg war nicht mehr weit. An den Wegböschungen glühte erstes Ginstergold, und der Adlerfarn war im Begriff, seine Wedel zu entrollen.

In Hornberg brauchte ich nicht lange nach einem Quartier zu suchen, die Dame auf dem Rathaus gab mir einen guten Wink, und mir blieb Zeit, durch das Städtchen zu bummeln. Ich überließ mich dem Zauber der Kleinstadt, die sich auf der einen Seite des steil eingekerbten Tales unter den Viadukt der Schwarzwaldbahn, auf der andern unter den schroffen Schloßberg drängelte. Ja, hier schien mir die Geschichte vom Hornberger Schießen durchaus glaubhaft. Ich stieg zur Schloßruine hinauf, und alles grünte und blühte und duftete üppig. Die Kastanien hatten ihre Kerzen aufgesteckt zu einem Frühlingsfest, doppelt heiter vor dem ernsten Hintergrund der alles überragenden Tannenberge und doppelt überraschend für den Wanderer, der von den Höhen kam.

22. 5.

Wieder ein schöner Tag, der warm zu werden versprach. Mein Pfad stieg aus der Tiefe des Gutachtals in die bucklige Welt des Granits, stieg westwärts durch einen hohen Schattenhang. Die silbergrauen Schäfte der alten Weißtannen ragten gewaltig, Türme voll Saft und Kraft. Je weiter es nach Westen ging, um so mehr mischten sich Buchen ins Tannendunkel, und ihre frischgeschlüpften Blätter waren an den schwingenden Zweigen zu pfingstlich hellen Girlanden gereiht.

Die ersten Wanderer mit Rucksack, die mir in diesen drei Tagen begegneten, waren ein älteres Ehepaar, er zwanzig Schritt voraus, sie mit zwanzig Schritt Abstand hinterher, ein mir nicht ganz unbekanntes Bild. Wandernde jüngere Feriengäste waren mir schon gestern begegnet; wohl gingen sie zünftig in Bundhosen und Anoraks, doch ihre belegten Brote und die Getränkedosen trugen sie in Plastikbeuteln, weil man die dann mit den Abfällen so bequem draußen lassen kann. Wenn es e i n Kennzeichen rechten Wanderns gibt, so ist es der Rucksack. Begegnet mir unterwegs ein Rucksackwanderer, so sag ich dem noch einmal so gern Grüßgott.

Am Huberfelsen machte ich dem letzten vorderösterreichischen Obervogt von Triberg, Karl Theodor Huber, den der Erzdemokrat Hansjakob einen »Beamten von Gottes Gnaden« genannt hat, meine Aufwartung. Ihm zu Ehren bestieg ich das Felsenhorn mit der Gedenktafel und wurde für die kleine Mühe mit einem fotogenen Ausblick auf Berge voller Tannen belohnt, wie ich ihn schon lange suchte. Vom Talgrund bis zu den Firsten die ganzen häldigen Gegenhänge hinauf waren die lichtgesäumten Wipfel prächtig übereinandergebeigt.

Immer noch Huber und Hansjakob im Kopf stieg ich durch die unbewaldete, sonnenheiße Halde zur Prechtaler Schanze hinauf. Der Weidberg am Osthang wurde schon lange nicht mehr mit Vieh befahren, und Haselwildnis hatte sich auf ihm breit gemacht, nichtsnutziger Busch, der die Ginsterheide verdrängt hatte und den früheren Ausblick ins Gutachtal versperrte. Und ich entsann mich eines jungen Menschen, der sich so heftig in die Landschaft der Ginsterhalden des mittleren Schwarzwalds verliebt hatte, daß er, um sie für alle Zeiten zu erhalten, allen Ernstes die Schaffung eines Naturschutzgebietes nach dem Vorbild der Lüneburger Heide vorschlug. Inzwischen freilich hat er gelernt, daß das Bild einer Kulturlandschaft sich notwendig wandeln muß, wenn die wirtschaftlichen Verhältnisse, die sie schufen, sich ändern. Selbst wo der Mensch in die Natur nicht eingreift, unterliegt sie einem steten Wandel. Auch die Ginsterhalden waren ja nicht ursprünglich, sicher war der Berg von Natur bewaldet gewesen, aber beim Bau der Schanzen im Spanischen Erbfolgekrieg (1701–1714), vielleicht auch durch das Kollnauer Eisenwerk mag der Wald abgeholzt worden sein, und die Bauern werden das Vieh auf den Schlag getrieben haben. Allmählich überzog Ginster die blutten Halden, und als dann der Osthang nicht mehr beweidet wurde, war auf ihm der Ginster in einer durchaus natürlichen Entwicklung von wildem Gehölz überwuchert worden. Unter dem Schirm des Gehölzes würden, wenn der Mensch auch weiterhin nicht eingriff, Waldbäume sich einstellen, die das Haselgesträuch überwuchsen. Wald war hier die Endstufe der natürlichen Entwicklung, und selbst der Wald änderte fortwährend sein Gesicht. – Von derlei Dingen freilich war damals weder auf dem Gymnasium noch auf der Universität zu hören gewesen. Heute wußte der alte Wanderer: Mit dem tieferen Verständnis für die natürlichen und wirtschaftlichen Zusammenhänge sah man die Landschaft mit andern Augen und mit einem geläuterten Empfinden für ihre Eigenart und Schönheit.

Auch auf dem Höchsten die alte Schanze war von Gestrüpp überwachsen und kaum noch zu erkennen. Um so brutaler stachen die nackten Reste betonierter Flakstellungen aus dem letzten Krieg ins Auge. Immerhin durfte man auch hier mit einer gewissen Gelassenheit der Zeit entgegensehen, wo über sie Gras, Gesträuch, Wald gewachsen sein würde.

Und wenn ich ehrlich war, brachte der Wandel auch neue reizvolle Bilder mit sich. Da hatte ich mich früher über den Fichtenschachen geärgert, mit dem man um die Jahrhundertwende die Nordflanke der Kuppe zugepflastert hatte; jetzt war er geschlagen, und der Blick ins Kinzigtal und auf die blauen Waldberge des Nordschwarzwalds bot sich so frei wie seit Jahrzehnten nicht mehr. Und das buntscheckige, kleinkarierte Tüpfel- und Streifenmuster der Fichtenkulturen, das wie das Spättlehäs der Elzacher Narren seit der Jahrhundertwende allenthalben über die alten Weidberge zwischen Elz und Kinzig gebreitet wurde – war es inzwischen nicht zu einem harmonischeren Bild herangewachsen, und würde es mit der Zeit nicht auch noch richtiger, naturnaher Wald werden?

Ach, dachte ich, als ich den Berg zum Landwassereck hinabstieg, wie gescheit wird man doch auf seine alten Tage! Gut, die Landschaft hatte sich verändert, das war der Gang der Dinge, Wandel ist das Wesen alles Lebendigen! Aber die einfältige Liebe und der stürmische Eifer von einst, als man noch ganz im Heute lebte und nicht dem Wandel nachsann, war auch etwas Wunderbares! Als ich an Pfingsten 1939 das letzte Mal von der Prechtaler Schanze zum Geisberg wanderte, führte der Weg noch durch flammend gelb lodernde Ginsterhalden mit Birkenschachen und Wacholderheiden und mit freiem Blick rechts ins Mühlenbach- und links ins Prechtal, auf Haslach hier und auf Elzach dort, ich wanderte wie ein König durch sein Reich und wurde von

Weidberg zu Weidberg vom Glockengeläut der Herden und vom Geißelsalut der Hirtenbuben empfangen und weitergeleitet. Heute lief ich durch dichte, finstere Fichtenbestände und war schon einer Überlandleitung dankbar, deren Schneise für einen Augenblick den Wald unterbrach und Sicht in die Täler und auf die Berge gewährte. Die Bestände stammten aus der Aufforstungswelle der fünfziger Jahre, sie befanden sich jetzt in den Flegeljahren und zeigten sich abweisend und widerborstig, doch würden auch sie sich mit dem Alter mausern und schließlich zu jenen hohen Hallen heranwachsen, unter denen Pilze, Moos und Kräuter wuchsen und in deren Wipfel die Vögel sangen. In fünfzig Jahren.

Als ich fast nicht mehr darauf hoffte, ging der Waldvorhang auf, und vor mir war das niedrigere Bergland zwischen Elz und Kinzig ausgebreitet mit Wiesen, Äckern und Waldstücken und da und dort einem roten Ziegeldach bis hin zum Rücken des Geisbergs am westlichen Horizont. Dem Gneissockel saßen hintereinander drei Sandsteinbuckel auf, die der Abtragung der Sedimente widerstanden hatten: der Rotebühl, der Schwarzbühl und die Heidburg. Sogar ein Stück alten Weidberg mit Ginster, Birken und Wacholder gab es da noch, er schien sogar zeitweilig noch befahren zu werden, Wollflocken hingen an den Brombeerranken. Bloß die Viehglocken und die Hirtenbuben fehlten; im Zeitalter der Elektrozäune brauchte man sie nicht mehr. Hirtenbubenromantik? Das oft harte Leben der Hirtenbuben war mir bekannt, ich hatte vor dem Krieg auf der Prechtaler Schanze ein paar Tage unter ihnen verbracht und weiß auch von den Schwierigkeiten ihres Schulbesuchs. Aber in meiner Kompanie in Rußland gab es den früheren Hirtenbuben und späteren Bauernknecht Lukas Volk aus Yach; eine sonnige Jugend hatte er wahrhaftig nicht gehabt, aber ich habe von ihm erfahren, was am Wolchow in Schnee, Schlamm und Staub bei einem Menschen die Erinnerung an Ginster, Birken und Wacholder vermochte. Und neulich besuchte mich ein Herr aus Vancouver in Kanada, der dort in einem Warenhauskonzern einen hohen Posten innehat; es war der Alfred, einer von jenen Prechtäler Hirtenbuben, er pries die neue kanadische Heimat, doch die Hirtenbubenzeit auf der Schanz sei, so sagte er, die schönste Zeit seines Lebens gewesen.

Als ich den Fohrenwald um die Heidburg hinter mir hatte, lag die Biereck am Weg, die alte Bauernwirtschaft. Auf der Wiese davor waren Arbeiter einer Bierbrauerei dabei, ein Festzelt aufzuschlagen. Aha – Biereck und Pfingsten, Schellenmärkt, Jubel Trubel Heiterkeit! Was aber sollte ein Schellenmärkt, wenn es keine Hirtenbuben mehr gab, die hier ihre Herdenglocken tauschten, ergänzten und aufeinander abstimmten? Im Jahr 1939 hatte ich den Schellenmärkt miterlebt, und es ging nicht viel anders zu wie zu Hansjakobs Zeiten. Die Hirtenbuben trafen sich zu ihrem großen Festtag mit ihren Schellen und mit dem Trinkgeld ihres Bauern im Sack, auch die Bauern und die Bäuerinnen und Maidli in den schönen Elztäler, Mühlenbacher und Hofstettener Trachten kamen aus den Tälern herauf. Ich fotografierte sie, die Alten und die Jungen, als hätte ich geahnt, daß dies der letzte rechte Schellenmärkt war. Es kamen Krieg, Nachkrieg und Wirtschaftswunder. Es gibt keine Hirtenbuben mehr, und die Tracht ist im Schwinden; bald werden Schwarzwälder Trachten nur noch in Vereinen, bei Heimatfesten und auf der Grünen Woche in Berlin zu sehen sein. Wandel also auch hier – Wandel freilich mit eindeutigem Gefälle zur Verarmung. Die Fotos vom letzten Schellenmärkt aber hüte ich wie einen Schatz.

Schon bei der Heidburg hatte ich die Karte im Rucksack verstaut, hier im Bannkreis des Geisbergs war ich ja daheim und meines Weges sicher. So lief ich westwärts durch Feld und Wald, hin und her, auf und ab. Zur Rechten wechselten am Himmel blendendweiße Wolkenköpfe mit silbrigem Blau, und die Landschaft darunter wechselte in Sonne und Schatten. Zur Linken war die Welt in trüben Dunst verstrickt, in dem es vernehmlich bruttelte. Ich aber schritt zwischen beidem unberührt meines Weges. Es war ein Wetter nach meinem Herzen, und der Weg ging dem Geisberg und Lahr zu.

Ich kann diese Gegend nicht durchwandern, ohne mich mit Heinrich Hansjakob (1837–1916) zu unterhalten. Der katholische Pfarrherr ist hierherum eine Art Nationalheiliger, nicht anders als im protestantischen Markgräflerland Johann Peter Hebel, sein Amtsbruder von der andern Fakultät. Ja, hier war Hansjakob daheim, er hat das Land um den Geisberg oft als sein Paradies gepriesen, und hier lebt er heute noch. Mir denkt eine Begegnung auf dem Heimweg von jenem Schellenmärkt. Ich holte einen Mann ein, auch er kam vom Fest und war zum Schwätzen aufgelegt. So gingen wir ein Stückweit miteinander, er war Knecht auf einem der Höfe und erwähnte so nebenbei, ein natürlicher Sohn »vom Hansjakob« zu sein. Mich jungen Menschen hat diese Eröffnung damals ziemlich verwirrt, ich wußte sie in meiner Vorstellung von einem geistlichen

Herrn nicht unterzubringen. Ich weiß auch nicht, ob sie der Wahrheit entsprach. Jedenfalls war die Erinnerung an den Mann mit dem großen Schlapphut hierherum noch durchaus lebendig. Ich hatte bis dahin manches von dem scharfsichtigen, streitbaren und schreibfreudigen Volksschriftsteller gelesen, schon im Volksschul-Lesebuch standen Stücke von ihm. Aber erst jene Begegnung auf dem Heimweg vom Schellenmärkt ist der Anstoß gewesen, Hansjakobs Bücher eines nach dem andern zu lesen.

Hansjakob und kein Ende. Vor mir wölbte sich der breite Rücken des Hessenbergs empor. Hier hat der Alte seinen Lobgesang auf die Schönheit der blühenden Ginsterhalden angestimmt; den Hessenberg hat er einmal einen »Wunderberg«, dann wieder »das gelobte Land der Heimat« genannt. Er war es auch, der für das Höchste des Berges den historischen Namen »Confinium Alemannorum«, vor tausend Jahren die Bezeichnung für die Ostgrenze der Ettenheimer Mark, ausgegraben und volkstümlich gemacht hat; bis dahin war sie nur den Gelehrten bekannt. – Was er wohl sagen würde, wenn er heute wieder zum Hessenberg käme? Die freie Ginsterheide mit ihren lichten Birken und krummen Fohren ist verschwunden; der Palmenwald, jener Horst baumhoher Stechpalmen, ist nicht mehr da, obwohl er unter Naturschutz stand; die großartige Rundschau vom Alemannorum ist zugewachsen; alles hat eintönigen, aber nutzbringenden Fichtenaufforstungen weichen müssen. Einige Großkopfete haben es verstanden, sich beizeiten noch ihre Plätzchen herauszuschnipfeln und Ferienhäuser darin zu verstecken – vielleicht dürfen wenigstens innerhalb ihrer Umzäunungen ein paar letzte Ginsterstauden, Birken und Wacholder überleben.

Als Forstmann auf dem hohen Schwarzwald habe ich mich an der Aufforstung der nutzlosen Weidfelder tatkräftig beteiligt. Aber ich habe die Welt Hansjakobs noch leibhaftig erlebt und nehme ihr Bild mit in eine nüchternere, ärmere Zeit.

23. 5.

Die Hütte des Lahrer Schwarzwaldvereins am Geisberg war in meiner Jugend ein oft benutzter Stützpunkt meiner Streifzüge gewesen, schon vor fünfzig Jahren war ich bei ihrer Einweihung dabei, und später im Krieg und danach haben Frau und Kinder unvergessene Ferientage auf ihr verlebt. Nun hatten Wanderfreunde aus Lahr, als sie von meinem Wanderplan hörten, sich bereit gefunden, gestern abend auf den Geisberg zu kommen und mich in der Hütte übernachten zu lassen. Sie waren schon vor mir da und lüfteten die Räume. Ein junges Ehepaar aus Stuttgart, das über den Kandelweg wanderte, kam gleichzeitig bei der unerwartet geöffneten Hütte vorbei, steckte die Nase herein und wurde zum Übernachten eingeladen. Nach meinen drei schweigsamen Tagen ging es am Abend hoch her. Die Lahrer ließen sich nicht lumpen.

Der Morgen war klar und frisch, und es war eine Lust, über die Höhen zwischen Kinzig- und Schuttertal zu laufen, Lahr zu. Ich witterte Heimatluft. In den Wiesensätteln zwischen den Waldrücken wirbelte der Wind ein Schneegestöber von Blütenblättern aus den Kronen der Kirschbäume herauf. In den Tannen- und Buchenhallen rief der Kuckuck. Ein Reh sprang mir über den Weg. An den Stechpalmenhecken brachen die zartduftenden weißen Blütchen auf. Ich habe laut gesungen, es war ja niemand um den Weg. Viel zu früh kam der Abstieg ins Schuttertal.

Drunten in Seelbach läutete es zu Mittag. Bis der Bus nach Lahr fuhr, lag ich am Waldrand überm Dorf und blinzelte ins Tal meiner Jugend, bis mir die Augen zufielen und ich nachholte, was in der Nacht zu kurz gekommen war.

Höllentalwanderung

31. Mai 1980

Vor Jahren, als es darum ging, den Plan einer Autobahn über den Schwarzwald zu bekämpfen, habe ich im Eifer des Gefechts einmal auf die Möglichkeit einer Trasse durch das Höllental verwiesen, wo »ja doch nichts mehr zu verderben« sei. Das war arg danebengehauen; auch im Höllental hat sich trotz Eisenbahn und Bundesstraße 31 noch viel urwüchsige Natur und Landschaft erhalten, was sich freilich nur dem Fußwanderer offenbart. Reumütig habe ich gelobt, zur Buße mich einer fotografischen Dokumentation der natürlichen Eigenart des Höllentals zu widmen. So bin ich in den wilden Halden herumgestiegen und viele Wege gegangen, markierte Wanderwege und auch Pfade, die kaum der Förster noch begeht. Aber als Krone meiner Bußübungen habe ich mir bis zuletzt den Jägerpfad von Himmelreich bis Posthalde und von dort den Serpentinenweg nach Alpersbach hinauf und zum Hinterwaldkopf aufgehoben.

Heute ist nach einer wüsten Regennacht ein funkelnder, frischer Maimorgen angebrochen, ich bin nach Himmelreich gefahren, habe dort mein Wägele abgestellt und den Jägerpfad unter die Füße genommen. Zunächst noch im ebenen, leidlich breiten Talgrund läuft er durch üppig ins Kraut schießende, weiß und gelb überschäumte Matten. In einem Saum von Ufergehölz rauscht der Bach. Halme und Zweige triefen noch vom Nachtregen, und die Schirmblätter der Pestwurz am Uferbord sind wie nasse Lappen auf ihren hohen Stielen der Morgensonne zum Trocknen hingehängt. Einen lauschigeren Wiesenpfad gibt es im ganzen Schwarzwald nicht. Aber jenseits des Baches macht sich die Straße breit und drückt brutal die verängstigte Häuserzeile von Falkensteig an die Wand des Sommerhanges, und über den Dächern starren die hohen Stützmauern der Bahntrasse – unfaßbar, daß Menschen es im Lärm und Dunst des nicht abreißenden Kraftfahrzeugverkehrs aushalten! Vielleicht gibt es sogar Wanderer, die den Lärm überhören können; mir jedenfalls hat er jahrelang den Jägerpfad verleidet, und seit dem Krieg bin ich ihn nicht mehr gegangen.

Die schroffen Waldhänge rücken zusammen, für Wiesen und Häuser ist bald kein Platz mehr,

Straße und Bahn müssen sich mit Gewalt durch die Enge zwängen. Ein Nußbaum noch mit Blütenwürstchen im frischgeschlüpften bräunlichen Laub, letzter Gruß aus milderen Gefilden, dann windet sich der Pfad durch Wald und Fels taleinwärts. Ich wußte gar nicht mehr, was für ein prächtiger Wald hier in den Halden stockt: beileibe kein hochwertiger Wirtschaftsbestand, wohl aber urwüchsiger Wald mit mächtigen Tannen und Buchen; Wald, der sich selber genügt und dessen Dasein gleichwohl einen Sinn hat: den Steilhang gegen Auswaschen und Abrutschen zu sichern. Vor lauter Waldespracht merke ich gar nicht mehr, daß der Verkehr auf der Bundesstraße keine hundert Schritt entfernt vorüberlärmt.

Wo der Wald am urwüchsigsten ist, steht ein paar Schritt oberhalb des Pfades, von den meisten Wanderern unbemerkt, an einer Felswand in ehernen Lettern: DEN IM WELTKRIEG GEFALLENEN BADISCHEN FORSTMÄNNERN. Als man solcherart die Toten ehrte, hatte es erst *einen* Weltkrieg gegeben, und einen zweiten konnte man sich schlechterdings nicht vorstellen. Inzwischen haben wir es weitergebracht, doch scheinen im Zweiten Weltkrieg keine Forstmänner gefallen oder doch nicht mehr der Ehrung wert zu sein. Ich denke an die toten Kameraden, die den Wald liebten wie ich; von den neun meines Jahrgangs sind drei übriggeblieben – sie standen wohl unter Denkmalschutz und mußten danach für die andern den heimatlichen Wald mitlieben.

In einer Lücke zwischen den Baumwipfeln ragt jenseits der Kluft die Felsklippe, die die Burg Falkenstein trug. Dann schießen zu beiden Seiten die Wände und Türme empor und scheinen die Kluft abzuriegeln. Die Bahn verkriecht sich in Tunneln, die Straße verdrängt mit Stützmauern den Bach, überdeckt ihn sogar und ringt der Enge noch eine Parkspur ab, weil kein Omnibus es versäumt, hier anzuhalten und seinen Inhalt auszuspucken. Da stehen sie dann, die Schwarzwaldreisenden, genießen das angenehme Gruseln ob des felsenstarrenden Höllenschlundes und gukken ehrfürchtig zu dem bronzenen Hirsch hinauf, der auf einer der Klippen steht, weil vorzeiten einmal einer seiner Gattung vor dem verfolgenden Jäger den Sprung über die Kluft gewagt haben soll. Wer im Schwarzwald war, muß den Hirschsprung gesehen haben. Würden sie mit der gleichen Aufmerksamkeit in die Felsen der andern Talseite blicken, so könnten sie dort ein Rudel Gemsen äsen sehen. Doch das zeigt ihnen kein Reiseleiter.

Jetzt am Morgen ist der Parkplatz leer, die Reisenden sitzen noch beim Frühstück, und der Kioskbesitzer ist damit beschäftigt, seine Ansichtskarten und Reiseandenken aufzubauen. Ein Tunnel verschluckt den Jägerpfad, eine Galerie führt ihn luftig über dem tosenden Bach dahin. Drüben, fast mit der Hand zu greifen, erhebt sich die nackte Stützmauer der Straße aus dem Bach, und talaufwärts donnernde Lastzüge blasen mir ihre heißen, stinkenden Abgase ins Gesicht. Gottlob, die Enge ist bald überwunden; Bach, Pfad und Wanderer atmen auf und verziehen sich hinter eine Schutzwand von Ahorn und Esche, Linde und Ulme. Eine Wasseramsel treibt sich zwischen den moorbraunen Schwällen und weißumgischteten Gneisbrocken herum.

Das Tal macht einen scharfen Rank und weitet sich ein wenig. Bis hoch in den Himmel hinauf steigen die tannendunklen Wände. Der Pfad ist ein Stückweit abgerutscht und ungangbar und muß ans andere Ufer ausweichen, wieder in Straßennähe. Die Gebäude der Posthalde, der ehemaligen österreichischen Poststation, und das Bahnhöfchen tauchen auf, und jetzt zweigt der alte Serpentinenpfad ab, der durch den Wald der Winterhalde ins Hochtal von Alpersbach hinaufsteigt. In den zwanziger und dreißiger Jahren war er der normale Aufstieg zum Feldberg. Da fuhr das Heer der Freiburger Skiläufer an Wintersonntagen mit dem ersten Morgenzug nach Posthalde, um von hier mit geschulterten Skiern über die Halde zum Feldberg zu steigen. Noch war die Dreiseenbahn nicht gebaut, noch fuhr man nicht im eigenen Vehikel zum Skilaufen, und selbst als die Dreiseenbahn den bequemeren Aufstieg von Bärental aus ermöglichte, blieb man aus Sparsamkeit beim alten stundenlangen Aufstieg von der Posthalde. Er kostete Schweiß, doch das gehörte zum Sonntagmorgen und trug dazu bei, daß man damals nicht soviel Speck auf den Rippen hatte. Und ich, wann bin denn ich zum letzten Mal die Serpentinen hinaufgekeucht? War das nicht im Jahr 1936, als ich mit Braut die bestandene Staatsprüfung auf dem Feldberg zu feiern gedachte? Der Schweiß läuft mir heute wie damals übers Gesicht und unterm Rucksack den Buckel hinunter, und angenehme Erinnerungen gehen mir durch Kopf und Herz. Der Weg ist noch immer als Zugang zum Feldberg markiert, doch scheinen Wanderer ihn nur mehr selten zu benutzen. Streckenweise ist er verfallen und verschüttet, und dicht wie die Haare auf dem Hund sprießen auf ihm die Keimlinge des Ahorns und die zarten Sternchen der Tannenkinder. Tiefe Schrunden sind in den Hang gerissen, das Wasser hat sie ausgewaschen und wäscht und frißt weiter. Immer wieder und immer höher hinauf schwärt die Wunde, und der Hang bricht nach samt den Bäumen. Der Vorgang ist nicht aufzuhalten und verstärkt den Eindruck des Ungezähmten dieser Wälder.

Erstaunlich rasch verstummt der Lärm der Straße, fern verhallt der Pfiff der elektrischen Lok, und ich bin wieder allein mit meinen Tannen, Buchen und Fichten. Der Pfad arbeitet sich im Zickzack zwischen den Gneisschrofen empor. Von einer Klippe schaut neugierig eine Gemse auf den einsamen Wanderer, ein schwarzbrauner Teufel mit kräftig gehakeltem Gehörn, und denkt nicht daran, zu flüchten. Ich stelle mich dumm, tue, als sähe ich ihn nicht, und schwätze halblaut vor mich hin. Der Bock läßt sich auf das Spiel ein und hält mich aus. Je höher ich steige, um so stärker mischt sich die Fichte unter die Tannen und Buchen. Zur Linken stürzt sich der Alpersbach tosend in die Tiefe.

Das Hochtal ist erreicht, der Wald öffnet sich. Mein Pfad zieht sich am Abbruch des Steilhanges hin, den Blick zur Rechten durch die Bäume in die Kluft des Höllentals, zur Linken auf die blühenden Matten und Weiden mit den schönen Bauernhöfen. Die Talmulde ist von dunklen Fichtenhängen umschlossen, hinter denen sich der Feldberg verbirgt.

Der Pfad mündet in ein Forststräßchen, das hoch am Hang überm Höllental verläuft und überwältigende Blicke in die tiefe Waldschlucht und über sie hinweg auf die Hochfläche von Breitnau und zu den Höhen gegen den Kandel bietet. Hier wird Erdgeschichte lebendig: die Bruchspalte, die sich vom Kaiserstuhl quer durch den Leib des Schwarzwalds zum Bodensee zieht; der alte Sockel des Grundgebirges, von dem die Schichten der Trias und des Jura abgetragen sind; die flachen Hochtalmulden, die zuerst zur Donau entwässerten, und die Täler, die sich tief in den Gebirgsrumpf einschnitten, nachdem der Rhein als Vorfluter die Wasserscheide weiter und weiter nach Osten vorschob. – Das Sträßchen ist für Kraftfahrzeuge gesperrt und wimmelt von Wanderern und Spaziergängern aus Hinterzarten, die einer der Bauernwirtschaften um den Hinterwaldkopf zustreben; es geht gegen Mittag.

Vor mir hebt sich die ebenmäßige Kuppe des Hinterwaldkopfs in den Himmel, waldfrei, der kahle Scheitel des Berges von einem Steinmal gekrönt. Ich steige durch den kahlen Wasen hinauf und verfolge gebannt, wie sich mit jedem Schritt die Rundschau großartiger entfaltet. War es bisher nur der Blick nach Norden, gegen den Kandel, so tut sich nun auch im Süden eine gewaltige Welt auf. Über den Waldgründen des hinteren Zastlertals tritt königlich im Glanz seines Firnmantels der Feldberg hervor. Während in der Tiefe der Wald schon in frühsommerlichem Grün leuchtet, stehen die Buchen unter den Schneefeldern der Nordabstürze noch kahl und braun, Mittagsgewölk läßt Schatten und Sonnenflecken über die Hänge geistern und macht sie lebendig. Die Berge wogen. Aber im Westen, zwischen Feldberg und Kandel, breitet sich tief zu meinen Füßen, von Waldbergen eingefaßt, das heitere Himmelreich des Dreisambeckens, und an seinem schmalen Ausgang zur Ebene schimmert das Häusermeer von Freiburg. Dahinter zeichnen sich im Schönwetterdunst eben noch die Umrisse des Kaiserstuhls ab; Rheinebene und Vogesen sind verhüllt.

Auf der höchsten Kuppe steht das Denkmal, das die Freiburger Turnerschaft ihren im Krieg gefallenen Kameraden errichtet hat. Inmitten eines Walles von Felsblöcken ist das Steinmal aufgetürmt, einem Opferstein der Vorzeit ähnlich – das schönste Denkmal, das jemals ein Verein seinen Kriegstoten auf dem schönsten Punkt der Heimat errichtet hat. Zu schön? »Gehst du, o Wanderer, vorbei, so denke, daß heilig der Platz ist, grüß ihn und schone die Stätte, als ruhte der Freund dort vom Kampfe.« Zu pathetisch? Heute scheinen solche Worte nichts mehr zu sagen. Dreiundzwanzig geleerte Coca-Cola-Büchsen habe ich innerhalb des Steinrings zusammengelesen. Doch damit ist das Gerümpel ja noch nicht weggeschafft, und ich frage mich, ob ein so mitgliederstarker Verein nicht imstande ist, sein Denkmal regelmäßig zu säubern und zu pflegen.

Im Windschatten der Umwallung liege ich und mache mir meine Gedanken. Hier auf dem Hinterwaldkopf den Turnern, dort im Wald beim Hirschsprung den Forstleuten und in Allerheiligen den Schwarzwaldwanderern waren nach dem Ersten Weltkrieg die schönsten Plätze der Heimat gerade recht, Gedenkstätten für die gefallenen Freunde zu sein. Hat man damit das Schlachtopfer der Millionen verklären wollen? Und die heutige Generation, will sie der Opfer der Kriege nicht mehr gedenken, weil sie angesichts der Sinnlosigkeit von Kriegen auch das Opfer für sinnlos hält? Eine Welt ohne Krieg kann ich mir vorstellen, eine Welt ohne Opfer nicht. Alles Leben kostet Opfer, nicht nur das Opfer des Lebens. Ohne Opferbereitschaft gibt es keine

Ehrfurcht vor dem Leben. Dies den Lebenden und den Kommenden zu bezeugen, ist jeder Ort recht.

Am Nachmittag steige ich über das Weidfeld und die Höfener Viehhütte ab. Der Blick fällt in die waldigen Döbel des Höllentals. Zwischen Fichtenbeständen stockt in den Halden noch alter bodenständiger Weißtannen-Mischwald, an dem ich mich nicht satt sehen kann. Dem Bergmischwald hat die Arbeit meines Lebens gehört. Für den Forstmann ist er der Inbegriff ökologisch-ökonomisch-ästhetischer Harmonie; er ist gesund, ertragreich und schön zugleich. Wo der Forstmann das Glück hat, mit dem naturnahen und heimatlichen Weißtannen-Mischwald zu wirtschaften, ist ihm ein Gut anvertraut, dessen Wert über alle Wirtschaftlichkeitsberechnungen hinausgeht.

Am Holzeck hat das Forstamt eine rustikale Sitzgruppe nebst Grillstelle aufgebaut; Erholungseinrichtungen im Wald müssen heutzutage sein, um die Besucherströme zu kanalisieren. Lieber wäre mir, man hätte den alten Fußpfad nach Himmelreich hinunter nicht neuerdings dem Bau eines Forstwegs geopfert. Man kann Forstwege bauen und doch die alten Fußpfade schonen. Dem Wanderer sind die schmalen Pfade, auch wenn sie rauh und holperig sind, immer noch lieber. Auf ihnen erlebt er tiefer die Seele des Waldes.

Als die Rohplanie des halbfertigen Forstweges endet, nimmt mich der alte Fußpfad wieder auf. Frisch entrollte Farnwedel und Brombeerranken schlagen mir um die Beine. Bald zeigt sich zwischen den Stämmen das Band der Höllentalstraße, ein verrücktes Fließband, auf dem wie Spielzeug die Wagen hinauf und hinab schnurren. Und in einer halben Stunde, nach einem besinnlichen Wandertag, werde auch ich mich eingefädelt haben.

In den Hochvogesen

2. September 1980

Ich fahre oft ins Elsaß, es ist ja nur ein Katzensprung hinüber, und jedesmal überkommt mich das wunderliche Gefühl, daheim und zugleich in der Fremde zu sein. Von jung auf habe ich mich mit dem Schicksal des Landes und der Leute jenseits des Rheins schwer getan, bis ich als gestandener Mann es verstehen und guten Willens respektieren gelernt habe; der Verstand sagt ja, doch das Herz wird die Trauer wohl nie los.

Gern wandere ich in den Vogesen. Immer wieder lockt es mich, sie mit dem heimatlichen Schwarzwald zu vergleichen und drüben das Gemeinsame wie das Besondere zu erfahren. Auch kann ich in den Vogesen besser als im Schwarzwald hin und wieder meinen unbezähmbaren Hunger nach freier, wilder Natur stillen.

Bei Breisach fuhr ich über den Rhein, der Schwarzwald verschwand hinter mir im Morgendunst, und vor mir über den abgeernteten Feldern traten die Vogesen hervor. Ich beeilte mich, die Ebene hinter mich zu bringen, wurstelte mich durch das Getümmel von Colmar und ließ mich aufatmend vom Münstertal Albert Schweitzers umfangen.

Zuhinterst in Mittlach zwischen den steilstirnigen, wuchtig sich wölbenden Köpfen stellte ich den Wagen ab, schulterte den Rucksack und wandte mich dem Wormsa-Tal zu, das zum Kamm hinaufzieht. Neben dem Weg glutterte im Gebüsch der Bach, und die Talwiesen, weiß bereift vom Tau, dampften in der Morgensonne. Die schroffen Halden der Winterseite lagen noch im Schatten, auf den Höhen lasteten Wolkenkissen, und hoch droben am Felsengrat der Spitzköpfe flatterte eine schimmernde Nebelfahne. Nur einen Augenblick ließ ich sie aus den Augen, und schon hatte sie sich verflüchtigt. Auch die kahlen Firste über den Waldflanken hatten sich unversehens ihrer Wolkenlast entledigt und strahlten unter dem makellos blauen Septemberhimmel.

Der Pfad stieg durch grobe Blockhalden. Haselgestrüpp war dabei, sie mühsam mit schütterem Grün zu überziehen. Die Nüsse begannen sich zu bräunen, Eichhörnchen turnten in den Stauden.

Da und dort hatte in der Blockwirrnis eine dicke, tiefbekronte, weitausladende Eiche oder eine junge, schlanke Tanne Fuß gefaßt. Ich kletterte durch die Granitmocken überm Sturzbach hin und geriet in eine Versammlung uriger Tannen, Prachtskerlen von Weißtannen, wie man sie im Schwarzwald kaum mehr findet. Sie waren so alt, daß das Silbergrau der Schäfte mit dem Schwefelgelb einer Alge wie bestäubt war. Zwischen den Stämmen und Felsen blinkte das Rund des Fischbödleweihers. Kein Fleck Himmel, allein dunkler Wald spiegelte sich in ihm, und man mußte den Kopf in den Nacken legen, wenn man zu den Felszacken der Spitzköpfe hinaufschaute. Am Weiher war ein stetes Kommen und Gehen; Frankreich hatte Ferien.

Aus dem See stiegen himmelhohe Wände mit wildem Wald. Ein wenig begangener, oft verschütteter und von Fallholz versperrter Pfad zickzackte hinauf. In den felsdurchsetzten, blocküberlagerten Halden lohnte sich Forstwirtschaft gewiß nicht; sie blieben sich selber überlassen. In einen Grundbestand von Buche und Ahorn waren gewaltige Tannen eingebettet; erst in der Mischung zeigten sie ihr wahres Wesen, entfalteten sie ihre ganze Eigenart, Kraft und Schönheit. Wie gewaltig sie waren, verrieten sie erst, wenn man unmittelbar an sie herantrat. Ihre zottigen Dolden hoben sie hoch über das Dach der Laubbäume. Im strotzenden Grün standen, hingen und lagen die bleichen Storren abgestorbener Bäume, die mit schwarzbraunen Schwämmen und honiggelben Pilzen besetzt waren. In der Dämmerung unterm Laubdach rangen Tannenjugend und Stechpalmennester um Licht. Mitunter war einer der Riesen vom Sturm geworfen, hatte im Sturz die Nachbarn mitgerissen und eine wüste Gasse in den Bestand gebrochen. In der Blöße tobte ungestümer Kampf zwischen aufschießendem Hirschholunder, Brombeerranken und Tannennachwuchs.

Nach einer Stunde Waldwildnis trat der Pfad auf Weidfeld hinaus, und nach dem Dämmerdunkel mußten die Augen sich erst an die Lichtfülle gewöhnen. Ein frischer Wind strählte den Wasen der Hochweide, die nicht mehr beweidet wurde; schon kamen da und dort im Heidelbeerkraut junge Tannen und Buchen auf. An einem niedrigen Gebäude waren die eisernen Läden geschlossen, die Melkerei schien in eine Skihütte umfunktioniert zu sein. Ich stand auf einer Bergschulter, Kerbholz hieß der Platz, und schaute über schwarzgrüne Tannenwipfel, die mit hellgrünen Zapfen wie mit Kerzen besteckt waren. Über ihnen reckte sich der abenteuerliche Felsengrat der Spitzköpfe, und hinter diesem wölbte sich der kahle Buckel des Hohnecks. Wandte ich mich um, so wogte im Süden ein Meer von steilen Köpfen und breiten Rücken.

Pfadlos stieg ich über die Hochweide zum baumlosen Kastelberg hinauf, ich stieg wie in den Himmel. Das Heidelbeerkraut, schwarzblau getüpfelt, begann sich herbstlich zu verfärben, da und dort rötete es schon die Halde. Im kurzgeschorenen Borstgras standen wie daheim am Feldberg vergilbende Blattschöpfe und abgestandene Blütenschäfte des Gelben Enzians. Was die Vogesen indessen dem Schwarzwald voraushatten, waren die Sträuße des großen Stiefmütterchens in tiefem Blau und hellem Gelb und die Strubelköpfe verblühter Berganemonen, zwischen denen sich mitunter eine wunderbar porzellanweiße Blüte verspätet hatte. Doch vermißte ich hier die von den heimatlichen Weidbergen vertraute Silberdistel. Hoch am Hang weidete eine Rinderherde, schwarzbuntes Vogesenvieh mit dem weißen Aalstrich über den Rücken. Ich stieg und stieg, und die Augen schweiften ins Unendliche. Im Osten über der Rheinebene lagerte ein violetter Schönwetterdunst, und darüber war die Umrißlinie des Schwarzwalds zart an den Himmel gehaucht.

Ein Viehpfad querte die Halde, aufs Geratewohl vertraute ich mich ihm an und geriet über die Ostabstürze des Kastelbergs. Schwalbennest hieß der Rain, wo der breitgewölbte Rücken in das abgrundtiefe Kar des Ammeltals abbrach, das vorzeiten ein Gletscher ausgeschürft hatte. Weit drunten mühte sich Buchengestrüpp, von Schneewächten zu Boden gedrückt und von Lawinen gestriegelt, die schroffe Wand zu ersteigen. Erst den Grund des Kessels füllte Wald, durchbrochen von Felsriegeln und moorigen Senken. Chaotische Blockhalden, von den schartigen Granitmauern der Spitzköpfe genährt, schoben sich in die Waldflanken hinab. Inmitten des Kessels hatte der Fels der schürfenden Gewalt des Gletschers widerstanden und einen Höcker aufgetürmt. Hinter diesem brach der Kesselboden über eine abschüssige Stufe abermals in die Tiefe, in der sich der Fischbödleweiher verbarg, und über die Abstürze hinweg fiel der Blick in die Wanne des Wormsa-Tals hinunter, deren Formen man es ansah, daß der Gletscher sie einst weit hinunter gehobelt und gefräst hat. Eine ungeheure Welt! Ein Kolkrabenpaar verjagte mit Sturzflügen und zornig knarrenden Rufen einen Bussard aus dem Horstbereich. Unter mir im Buchengestrüpp äste ein Rudel Gemsen.

Natürlich, auch die Vogesen sind kein unberührtes Gebirge mehr. Auch hier ist seit tausend

Jahren der Mensch gewalttätig mit der Natur umgegangen. Er hat den Wald von den Höhen verdrängt und die Halden abgeholzt, wo er nur konnte. Doch die Natur ist stärker geblieben und immer wieder zurückgekehrt. Der Mensch hat ihr Zeit dazu gelassen, weil er in den Tälern blieb und nur über den Sommer mit den Herden auf die Firstweiden zog; in den Halden hat er die Wildnis ohnehin nie ganz gezähmt. Im Schwarzwald ist die Auseinandersetzung des Menschen mit der Natur anders verlaufen, dort hat er auch die Höhen besiedelt; Natur und Kultur haben einander durchdrungen, und ihre Stimmen fügten sich zu einem heimeligen Lied zusammen. In den Hochvogesen gibt noch immer die Wildnis den Ton an.

Als ich über den kahlen Rücken des Kastelbergs in den sanfteren Westhang hinüberwechselte, um dort auf dem Wanderweg nach Süden zurückzuschwenken, knallte durch die Weite und Freiheit der Höhen wie ein Peitschenhieb die Heerstraße der »Route des Crêtes«, starrte schamlos nackt das Gestänge eines Skilifts, und im Wald des Gegenhanges waren Planierraupen dabei, eine barbarische Skischneise zu wühlen. Sicherlich würde man auch die Vogesen gern nach allen Regeln der Kunst erschließen und vermarkten, wenn nicht die ungebärdigen Steilhänge dafür sorgten, daß der Rummel sich auf die paar Gebirgsstraßen, Höhenhotels und Wintersportzentren beschränkt.

Während der Sommerferien schien halb Frankreich in den Vogesen sich zu vergnügen, zu fahren, zu picknicken, Beeren zu sammeln und zu wandern. Die Markierung der Wanderwege ist neuerdings erheblich verbessert worden, und wie auf den Höhenwegen des Schwarzwalds riß auch auf dem Vogesenkamm der Strom der Wanderer nicht ab. Alle paar Minuten begegnete einem ein Trupp hochbepackter junger Leute, die, nach ihren Rucksäcken zu schließen, sich um das Nachtquartier keine Sorge machten. Unter die Franzosen mischten sich Schweizer, Holländer, Bundesdeutsche. Man grüßte sich mit einem freundlichen Gemurmel, das ebensowohl französisch wie deutsch sein konnte – man wußte ja nie, wen man vor sich hatte. Um so wohler tat es mir, wenn mein Gruß auf gut elsässisch erwidert wurde, was freilich selten geschah. Im Elsaß klagt man, seit dem Krieg verlerne die Jugend vor allem in den Städten mehr und mehr die deutsche Sprache und sogar ihr Elsässerditsch.

Es war Mittag. Zwar hatte ich mein Vesper im Rucksack, doch schien es mir eine Sünde, in den

Hochvogesen nicht einen Münsterkäs zu verzehren, wo er gemacht wird, und so tat ich meine Grundsätze beiseite und kehrte in einer der Melkereien ein, die sich neuerdings als »Ferme Auberge« dem Wanderer empfahl. In der Gaststube machte ich mich mit Genuß über meinen Käs her und trank dazu gegen alle Wanderregel einen Silvaner. Das junge Ding, das mich bediente, verstand kein Deutsch, aber aus der Küche tönten die Mittagsnachrichten des Südwestfunks.

Der Karrenweg, der von altersher die Firstweiden mit dem Tal verband, senkte sich von der kahlen Halde durch ein Meer von Weidenröschen und Himbeeren steil und steinig in eine gespenstische Zone sich windender Schlangenbuchen. Das Gestrüpp ging rasch in einen Wald stämmiger Buchen über, in dem sich vom Tal herauf Weißtannen und Ahorne empordrängten. Auch hier schienen Axt und Säge noch nie an der Arbeit gewesen zu sein. Felsschrofen und Blockhalden durchstießen den Wald und gaben über die Storchennester der alten Tannen hinweg die Sicht frei in einen tiefen, steilwandigen Kessel, auf dessen Grund der Altenweiher schlief. Zuweilen wurde die dunkelsamtene Fläche von einem Windstoß aufgerauht, und Schwärme von Sonnenfunken flogen über sie hin.

Am Ufer des Altenweihers, zwischen Wellenglitzern und Tannenrauschen, war ich eine volle Stunde lang der einzige Mensch, wie vor tausend Jahren. Die Forstverwaltung hatte die Zufahrt vom Tal herauf früh genug ganz unfranzösisch für Kraftfahrzeuge abgeschrankt.

Aber als ich den Pfad talwärts einschlug, sah ich, daß man in den letzten Jahren fast bis zum Weiher herauf durch die Waldbestände Wirtschaftswege gebaut und den alten Tannenpelz mit Kahlschlägen zu zersäbeln begonnen hatte. Beim Abstieg nach Mittlach waren auf der heißen Sommerseite ganze Waldflanken abgeholzt und mit Douglasien angepflanzt; bodenständiger Tannenmischwald wuchs hier keiner mehr nach. Nirgends sonst in Frankreich hatte ich bisher Derartiges gesehen; stets hatte ich die französische Art der Behandlung des Weißtannenwaldes als vorbildlich betrachtet. Was war hier bloß in die linksrheinischen Kollegen gefahren? »Franzosenhiebe«, wie sie im Schwarzwald in den Nachkriegsjahren berüchtigt und gottlob überstanden waren, schienen in den Vogesen durchaus modern zu sein.

Ich stellte den Rucksack am Weg ab, stieg durch den Schlag und zählte an den gewaltigen tannenen Wurzelstöcken die Jahrringe. Die meisten Bäume waren so um die hundertfünfzig Jahre alt geworden, das entsprach fünf Menschengenerationen. In diesem Zeitraum waren sie französisch aufgewachsen, waren 1871 deutsch, 1918 wieder französisch, 1940 wieder deutsch und zuletzt, 1944, wieder und endgültig französisch geworden. Die stärksten Bäume hatten ein Alter von dreihundert Jahren erreicht, das entsprach zehn Menschengenerationen, und selbst diese Uralten hatten die Zeit nicht mehr erlebt, als das Elsaß noch fraglos zum Heiligen Römischen Reich Deutscher Nation gehörte. Im Tannenwald wuchs einem ein anderes Verständnis für Zeit und Geschichte zu: Die Herren im Elsaß waren gekommen und gegangen, und die Tannen in den Vogesen hatte das kaum berührt. Jetzt aber war der Anfang vom Ende da, jetzt schien man mit der eigenbrötlerischen Tanne kurzen Prozeß machen zu wollen, und eines Tages, wenn erst die richtigen Maschinen eingesetzt werden, sind auch jene letzten großartigen, noch ungezähmten Tannenwälder an der Reihe. An ihrer Statt werden Douglasien gepflanzt; sie machen weniger Umstände, fügen sich leichter in den Rahmen rationeller Forstwirtschaft und wachsen schneller. Vor Jahrhunderten hat das Elsaß mit der Vogesentanne der Welt den Weihnachtsbaum geschenkt – warum eigentlich sollte es nicht auch die Douglasie tun? Es gab ja heute schon praktische Christbäume aus Plastik, zusammenklappbare sogar.

Müde wanderte ich am Abend das Tal hinab, Mittlach zu. Am Waldrand ragten ein paar turmhohe Weißtannen, man ließ sie wohl zur Erinnerung an den alten Vogesenwald stehen. Wenn man allein wandert, gehen zuweilen unsinnige Gedanken in einem um. Daß das Elsaß endgültig französisch geworden ist, so dachte ich etwa, mochte man im Zeichen der Europäischen Gemeinschaft verschmerzen, aber warum, zum Teufel, mußte nun aus den Vogesen auch noch die Weißtanne verschwinden?

Mittlach im hintersten Fechttal ist vor zweihundert Jahren aus einer Ansiedlung von Tiroler Holzknechten hervorgegangen, nicht anders als vor vierhundert Jahren Wildgutach im Schwarzwald. Aus den Tirolern waren hier sicherlich längst gute Elsässer und Franzosen geworden. Vor dem Dorf begegnete mir ein Herdlein Kinder. – »Guten Abend!« sagte ich. Verlegen blickten sie einander an, und ich verbesserte mich: »Bon soir!« – »Güeden Owe!« kam es mehrstimmig zurück.

Den Hochrhein hinauf
30. März – 2. April und 11./12. Mai 1981

30. 3.

Hans war schon da, als ich aus dem Lörracher Bahnhof trat. Weil daheim auf dem Schwarzwald noch Schnee lag, wollte ich ein paar Tage von Lörrach aus über den Dinkelberg, den vorderen Hotzenwald, den Klettgau nach dem Randen laufen, ich hatte keinen festen Plan, einfach einmal allgemeine Marschrichtung Osten, immer in Sichtweite des Hochrheins. Vielleicht war es ein Anfall von Altersschwäche oder Altersweisheit, der mich veranlaßt hatte, mich nach einem Kameraden für die Frühjahrswanderung umzusehen. Und weil Hans in Lörrach wohnte, hatte ich ihn gefragt, ob er Lust und Zeit habe, mitzumachen. Er hatte, allerdings nur für vier Tage, denn dann mußte er eine internationale Wandergruppe über den Basler Interregio-Weg führen. Eigentlich hatte ich ein paar Tage mehr vorgesehen, doch das würde sich finden.

Mir schien, wir waren ein gutes Gespann. Für Hans und mich ist der Schwarzwaldverein ein Stück unseres Lebens. Hans, gleich mir Ruheständler, doch einige Jahre jünger, war noch in der Vereinsarbeit tätig; ich war außer Dienst und wollte einfach wandern, ohne Verein, nichts als wandern.

Die letzten Häuser von Brombach, die ersten Wiesen und Äcker und Wälder des Dinkelbergs. Es regnete leise und roch nach Frühjahr. Noch standen die Buchen und Eichen kahl, doch unter ihnen regte sich schon grünes Leben. Der Dinkelberg ist ein flacher Muschelkalkrücken, hügelig und von Dolinen eingedellt, eine stille, sanfte Landschaft mit wenig Menschen. Für uns beide galt es zunächst, unsern Schritt aufeinander abzustimmen. Hans war es gewohnt, in der Gruppe unter munterem Gespräch gesellig zu wandern, während ich, vielleicht infolge zunehmender Schwerhörigkeit, mich zu einem schweigsam ausgreifenden Einzelgänger entwickelt hatte. Auch sonst hatte ich mir einige asoziale Eigenheiten angewöhnt wie etwa die, unterwegs nicht einzukehren und erst abends am Ziel zu essen und zu trinken.

Das Land lag dunstverhüllt unter einem niedrigen Himmel. Als wir auf der hohen Flum standen, mit 555 m der höchsten Erhebung des Dinkelbergs, erhoben sich im Norden aus Nebelschwaden einige Große des südlichen Schwarzwalds, die Hohe Möhr, der Zeller Blauen und dahinter das noch schneebedeckte Haupt des Belchen. Im Süden zeichneten sich über den Fluren im Grau die Umrißlinien des Basler Jura ab, jenseits der Mulde des Hochrheins, den man nicht sah. Auf Feld- und Waldwegen liefen wir nach Osten, der hohen schieferdunklen Wand des Hotzenwalds entgegen. Die regennassen tonigen Böden des Muschelkalks klumpten an den Schuhen und machten das Gehen beschwerlich. Doch das störte uns kaum, denn der Dreck an den Füßen weckte Erinnerungen und unerschöpflichen Gesprächsstoff. Wir entdeckten, daß wir beide den Krieg als Infanteristen im Dreck durchgemacht hatten, in Frankreich und in Rußland, und kamen aus dem Erzählen und Lachen nicht mehr heraus. Kein Mensch war um den Weg; hätte uns einer gehört, so würde er gemeint haben, da erzählten sich zwei alte Knaben die lustigsten Jugendstreiche, und hätte er verstanden, wovon da die Rede war, so würde er, sofern er damals nicht auch dabeigewesen war, uns für Unbelehrbare gehalten haben, für die der Krieg eitel Lust und Freude war. Er ist es wahrhaftig nicht gewesen, doch ich halte es für eine Gnade, über jene grausigen Jahre so erzählen und lachen zu können.

So sahen wir uns trotz Dreck, Nieselregen und Nebel unerwartet rasch am Ziel des ersten Tages, im Städtchen Wehr.

31. 3.

Dicker Nebel verbarg den mächtigen Aufschwung des Grundgebirges aus dem Wehratal zur Hochfläche des Hotzenwalds. So stiegen und stiegen wir durch den Bergwald ins Grau hinein, und das Gespräch der beiden alten Krieger ging demgemäß bald wieder um das Kriegserlebnis, heute freilich eher in Zorn und Bitterkeit. Die Unterhaltung von gestern hatte doch wohl tiefere Schichten angerührt. Kein Wunder, daß wir uns verliefen, was uns indessen nicht sehr bewegte. Uns bedrängten Fragen, mit denen wir wohl nie fertig werden, und sie hinderten mich sogar an meiner Gewohnheit, die durchwanderten Waldbestände einer fachkritischen Betrachtung zu unterziehen.

Wir wollten zum Solfelsen, und unser Weg führte uns unversehens zu einer Waldblöße mit zwei alten Bauernhäusern, die die Karte als *Spatzenhof* bezeichnete. Hans, als er den Namen las, stutzte und verschwand wortlos in einem der Häuser. Ich ging weiter und wartete. Als Hans mich zurückrief, stand eine Frau unter der Haustür, und er stellte sie mir als die Frau des Wanderwarts der Ortsgruppe Vorderer Hotzenwald vor, von dem er große Stücke hielt. Auf dieser Wanderung schien ich dem Schwarzwaldverein nun einmal nicht entrinnen zu können und nahm die freundliche Einladung zu einer Tasse Kaffee und einem Kirschwässerle an. Es wurde ein behagliches halbes Stündchen in der schönen Stube mit der alten Kachelofen-»Chuscht«. Der Wanderfreund arbeitete in einem Ingenieurbüro im Rheintal drunten, und seiner Frau schien unser Besuch eine nicht unwillkommene Abwechslung in der Einsamkeit des Spatzenhofes zu sein. Aus dem Fenster ging der Blick heute ins Leere, doch wurde uns mit Worten und Fotos die überwältigende Schau gepriesen, die sich bei heiterem Wetter in die Tiefe und Weite mit dem in der Abendsonne gleißenden Strom auftat, und ich konnte nicht umhin, anzuerkennen, daß der Spatzenhof, 800 m überm Meer und 500 m überm Hochrhein, gleich nach meinem St. Märgen komme.

Zum Solfelsen waren es nur ein paar Schritte. »Der Solfelsen, ein riesiges Ei aus Granit, das in einem Nest aus Granitblöcken ruht, ist nur dadurch vor dem traurigen Geschick, zu Straßenschotter verarbeitet zu werden, bewahrt worden, weil der Schwarzwaldverein das ganze Gelände aufgekauft hat . . . In weitem Umkreis breitet sich eine herrliche Landschaft vom Jura über den Hochblauen bis zum Belchen aus.« – Das Hotzenwald-Wanderbuch wußte alles genau, bloß mit der Aussicht wollte es heute nicht stimmen, und mir schien, als wäre sie auch bei hellem Wetter ziemlich zugewachsen.

Noch ein paar Schritt, und wir hatten die großräumige, herbe Hochfläche des Hotzenwalds gewonnen. Vielleicht war es der Dunst, der den Blick in die Weite verwehrte und mehr auf das Nahe lenkte. Ein Gespinst von Überlandleitungen überzog das Land, und wenn der Weg nicht gerade durch ein Waldstück führte, beherrschten spinnenbeinige Gittermasten das Bild. Da machte sich das Umspannwerk breit, dem das Naturschutzgebiet Kühmoos geopfert worden war. Dort auf dem Eggberg war es die Betonwanne eines Pumpspeicherbeckens. Der Hornberg, höchste und beherrschende Erhebung des Hotzenwalds, war durch das aufgesetzte Speicherbecken zu einem landschaftsfremden Tafelberg entstellt. – Wohl sah ich ein, daß die südliche Abdachung des

Schwarzwalds zum Hochrhein für die Stromerzeugung geradezu geschaffen war; auch hatte ich den Hotzenwald noch als Notstandsgebiet gekannt und konnte abschätzen, was das Hotzenwaldwerk für die Existenz der Bevölkerung bedeutete. Aber ich meine, daß die Hotzenwaldgemeinden die natürliche Eigenart und Schönheit ihrer Landschaft allzu bereitwillig geopfert haben, manches hätte pfleglicher erhalten und geschützt werden können, ohne daß Kraftwerk und Gemeinden zu kurz gekommen wären. Der Schwarzwaldverein hat sich deswegen genug herumschlagen müssen, auch mit den Naturschutzbehörden und sogar mit seinen Mitgliedern auf dem Hotzenwald, die das Speicherbecken auf dem Hornberg als eine Bereicherung der Landschaft empfanden und den Widerspruch des Vereins gegen das auf dem Nachbarberg geplante weitere Becken ablehnten.

Die natürliche Landschaft des Hotzenwalds hat zwei Gesichter. Neben den weiten freien Höhen gibt es die schroff und hart eingeschnittenen Täler und Schluchten der zum Hochrhein hinabstürzenden Bäche. Durch tannendunklen Wald gerieten wir in einen Wiesengrund, in dem Schlüsselblumen den Bachrand zierten. Doch unvermittelt brachen die sanften Formen in die wilde Waldschlucht des Murgtals ab. Auf einer Klippe horstete die Ruine des Wieladinger Schlosses, auf der Zinne des Bergfrieds die zerfetzten Fahnen einiger Fohren. Der Pfad kletterte zwischen Granitschrofen am gischtenden, tosenden Bach in die Tiefe, überschritt die Murg auf dem Steg und stieg den andern Hang hinauf.

Hinauf und hinaus ins freundliche, niedriger zum Rhein absinkende Feld mit seinen Dörfchen und Gittermasten. Der Dunst hatte sich so verdichtet, daß schon der übernächste Mast verschwand. Wäre nicht ein Graureiher über den Wiesen dahingerudert und ein Gabelweih niedrig um die Dächer von Oberhof geschwenkt, so würden wir von der Nähe des Stromes nichts gemerkt haben. Nichts gegen das Wetter, es war zum Laufen eben recht, aber zum Teufel mit dem Asphalt der Gemeindestraßen! Hinter Hänner gedachten wir diesem zu entfliehen, indem wir dem Wanderweg folgten, der weit ausholend sich durch das waldige Gewinkel des Andelsbachtals wand. Aber dort hatte in den Fichtenbeständen der Schnee wüst gehaust, es sah aus wie nach drei Tagen Trommelfeuer. Bis in die Nähe von Rotzel kämpften wir uns durch den Verhau umgedrückter Stämme und gebrochener Wipfel, dann hatten wir genug und kehrten reumütig auf den Asphalt zurück.

Voraus tauchte der »Alte Hotz« auf, der klobige Kirchturm von Hochsal, das Wahrzeichen des vorderen Waldes. War uns bisher der Hotzenwald beinahe menschenleer erschienen, so setzte nun am späten Nachmittag lebhafter Autoverkehr ein und machte uns nachdrücklich klar, daß die netten neuen Häuschen der Dörfer mit den gepflegten Ziergärten und Gartenzwergen nicht mehr von Bauern und Hauswebern, sondern von Pendlern bewohnt waren, die in den Industrieorten am Rhein drunten arbeiteten. Die alten Hotzenhäuser mit tief herabgezogenem Walmdach und Laube gab es nicht mehr, und die Autofahrer sahen auch nicht so aus, wie man sich richtige Hotzen oder gar streitbare Salpeterer vorstellte. Wir setzten uns in die Bänke der Hochsaler Kirche und ließen den Feierabendverkehr draußen abebben, ehe wir das letzte Stück Straße nach Schachen, unserm Tagesziel, unter die Füße nahmen. So viel Asphalt wie in diesen Tagen hatte ich lange nicht getreten, doch in Gesellschaft ließen sich selbst die letzten Kilometer Landstraße im Herumschauen bewältigen.

1. 4.

Wir querten die Felsschlucht der Alb, die dank der Schneeschmelze im Feldberggebiet fast wieder wie einst zwischen den schwärzlichen Granitklippen schäumte und rauschte. Mit einer leichten Rührung dachte ich an den Jüngling, der einmal ein paar Tage da unten am Fluß unter einer überhängenden Felswand kampierte und durch die Schrofen kletterte, um die Alb, ehe das Schluchseewerk ihr das Wasser abzapfte, in ihrer alten Pracht und Herrlichkeit im Lichtbild festzuhalten. Am dritten Tag war ich selber ein Stück Schlucht geworden, ein Stein, ein brausender Schwall, ein Tier, ein Baum. Das war im Jahr 39, wenige Wochen, ehe der Krieg ausbrach und alle romantischen Flausen auslöschte.

Östlich der Alb breitete sich fruchtbares Land mit kleinen Bauerndörfern aus. Die Karte wußte sogar von Rebbergen zu berichten, was indessen nicht mehr stimmte; dafür waren weite Obstplantagen angelegt, in denen die prallen Blütenknospen nur noch auf einen Sonnenstrahl zu warten schienen, um aufzuplatzen. Ach, der ewige Nebel – die Birndorfer Kapelle auf ihrem steilen Buck konnten wir ruhig links liegen lassen, es war heute nichts mit dem Ausblick auf den Rhein, der mich einst begeistert hatte. Dafür fanden wir unser Vergnügen im Nahbereich, bei den

Buschwindröschen, Schlüsselblumen und Veilchen und, sobald wir auf Kalkboden gerieten, den Leberblümchen. Selbst am Filigran der kahlen Kronen schöner alter Birnbäume in der Feldflur konnte man sich im Nebel erfreuen.

Und immer wieder fand Hans Gelegenheit, ein bißchen mit den Leuten zu schwatzen: mit Männern, welche Obstbäume beschnitten; mit Frauen, die in den Hausgärten häckelten; mit Kindern, die mit dem Alarmruf »Zwei Wanderer!« uns bis ans Dorfende nachliefen. Was mich betraf, so pflege ich Menschen, die mir begegnen, selbstverständlich zu grüßen und auf ein freundliches Wort des andern einzugehen, aber Hans hatte für jeden das Wort bereit, auf das der andere nur gewartet zu haben schien; selbst das verdrießlichste Gesicht verstand er aufzuheitern. Ich war überrascht von dem behaglichen, oft schlagfertigen Witz, der da aus den Erwiderungen der Hotzenwälder aufblitzte, und beneidete Hans um den Zauberschlüssel, mit dem er jedes Schloß aufspringen ließ.

Wir näherten uns Waldshut, schlugen aber einen Bogen um die Stadt und gingen weite Strecken auf nicht markierten Feld- und Waldwegen nach der Karte und oft auch nur der Nase nach. Und wir fanden es gar nicht so übel, sich hin und wieder frei zu machen vom Gängelband einer Wanderwegmarkierung.

Der Nebel hielt sich zäh, obwohl es über unsern Köpfen bläulich durchschimmerte, und verbarg uns beharrlich den nahen Rhein. Um so gespenstischer wirkte es, als sich im Grau schattenhaft der ungeheure Turm des schweizerischen Kernkraftwerks Leibstadt abzeichnete. Ich mochte mich gegen den Vergleich mit dem Turmbau zu Babel noch so sehr wehren – das Monstrum erschien mir doch als Mahnmal und Symbol schöpfungsfeindlicher Großtechnologie.

Feld Wald Eschbach, Feld Wald Schmitzingen, Wald Feld Gurtweil. Mittagsrast, von Überlandleitungen eingesponnen. Auf dem Bord lärmender Straßen an Umspannwerken, neuen Industrieanlagen und Wohnblöcken von Tiengen vorüber auf einem gedeckten Holzsteg über die Wutach. Auf dem Steg begegnete uns eine Mädchenschulklasse mit Schlüsselblumensträußen. Den größten Strauß hatte die Lehrerin. Eines der Mädchen, als es uns erblickte, verbarg den seinen schamhaft hinter dem Rücken. Vielleicht ahnte es, daß Wandern etwas mit Naturschutz zu tun haben könnte.

Jenseits der Wutach nahm uns wieder schöner Mischwald auf. Mit geschnitzten Holztafeln hatte das Forstamt einen Waldsportpfad gekennzeichnet, doch vergeblich suchten wir nach einer Wanderwegmarkierung zur Küssaburg, unserm Tagesziel. Natürlich ließ sich der Pfad nach der Karte finden, doch es juckte uns, die Tiengener, die wir zahlreich antrafen, nach dem Weg zur Küssaburg, dem Wahrzeichen des Klettgaues, zu fragen, Männer und Frauen, Alte und Junge, Eingeborene und Zugereiste. Zwei Teenager im Laufanzug schüttelten ratlos die Lockenköpfe. Ein Opa wies uns in unverkennbarer Klettgauer Mundart in eine sicherlich falsche Richtung. Zwei Frauen, die eine aus Pommern, die andere aus Ostpreußen stammend, waren guten Willens, aber helfen konnten auch sie nicht. Der einzige, der uns den rechten Weg zeigte, war ein Südländer.

Bald stießen wir auf den gut markierten Küssaburg-Weg, der von Waldshut her kam. Doch warum gab es in einer Stadt wie Tiengen keine Ortsgruppe des Schwarzwaldvereins, die den Zugang zum Küssaburg-Weg markieren, für Naturschutz und Heimatkunde wirken und die Jugend ansprechen könnte?

Als wir bei Bechtersbohl aus dem Wald traten, stieg hoch und steil der Berg mit den Mauern der Küssaburg vor uns auf. Auf den schmierigen Juramergeln und -tonen waren uns die Beine schwer geworden, und wir wären bereit gewesen, schon in Bechtersbohl auf halber Höhe des Berges über Nacht zu bleiben. Allein der Umstand, daß das einzige Gasthaus wegen Umbaues geschlossen hatte, bewahrte uns vor dieser Schlappe, und ächzend machten wir uns an den letzten Kilometer Aufstieg zum Gasthaus bei der Küssaburg. Aber der liebe Gott vergaß seine alten Wanderer nicht; er schickte einen Mercedes, der unaufgefordert anhielt, die beiden einlud und ihnen den letzten sauren Kilometer ersparte. Einem geschenkten Gaul sah auch unsereiner nicht ins Maul.

Auf der Küssaburg fanden wir ein gastliches Quartier und einen lebhaften Abend am Stammtisch. Beinahe hätten wir eine Ortsgruppe Küssaburg des Schwarzwaldvereins gegründet.

2. 4.

Und wieder stockte der Nebel dick und zäh vor dem Fenster. Heute stand für mich ein langer Marsch über den Kleinen Randen im Programm; Hans mußte die Wanderung hier abbrechen.

Drei Tage »Wandern in Sichtweite des Hochrheins«, und noch hatten wir vom Strom keinen Schimmer zu sehen bekommen! Das Wetter schien sich auch nicht ändern zu wollen, der Wetterbericht sprach von einem Stau feuchtwarmer Luftmassen. Sollte ich da allein im Nebel herumdakkeln? War es nicht gescheiter, mit Hans zum Rhein hinabzusteigen, um doch noch etwas vom Strom aufzuschnappen und diese schönen gemeinsamen Tage auch miteinander zu beschließen? Der Schweizer Randen lief mir nicht davon. – Wir freuten uns beide über diesen vernünftigen Einfall.

Also strichen wir noch ein bißchen durch die Mauern der frisch und sauber zurechtgemachten Ruine, staunten über den Aufwand, den man es sich hatte kosten lassen, und wunderten uns über die seltsame Begeisterung des Volkes für die alten Zwingburgen; wenn ich recht im Bilde war, hatten sich die Herren der Küssaburg nicht gerade durch Milde ausgezeichnet.

Dann stiegen wir zum Rhein hinunter. Im lichten Laubwald der trockenen Südhänge blühten Seidelbast und Küchenschelle, das Unterholz begann sich zart zu begrünen, und am Fuß des Berges wunderten wir uns nicht einmal, als vom sanftblauen Himmel die Sonne schien. Die Küssaburg droben steckte freilich noch immer im Nebel.

Im mild durchsonnten Dunst wanderten wir über die Talbreite dem Strom zu, auf dem schnurgeraden Feldweg, der ein Stück der alten Römerstraße war, die vom linksrheinischen Zurzach herüberkam und über Schleitheim nach Hüfingen und Rottweil zog. Bei Rheinheim stießen wir auf die überwachsenen, von einer Kiesgrube angefressenen Erdaufwürfe des Römerlagers, das unter dem Kaiser Augustus kurz vor Christi Geburt als rechtsrheinischer Brückenkopf errichtet worden war und in dem eine jener drei Legionen lag, die dann im Teutoburger Wald aufgerieben wurden. Ein Hauch von Weltgeschichte rührte uns an, zugleich ein Hauch von Süden. In den Obstbäumen von Rheinheim trieb sich ein bunter Wiedehopf herum – ich hatte den Vogel zuletzt in der Provence gesehen. Dann standen wir am Rhein, den hier keine Staustufe daran hinderte, jugendfrisch zwischen baum- und buschbewachsenen Ufern dahinzuströmen. Er war von Enten, Bläßhühnern und Schwänen belebt, und Möwen schwangen sich vorüber. Auf dem Uferpfad bummelten wir genießerisch stromabwärts; schließlich hatten wir drei Tage Hochrhein nachzuholen. Doppelt genußvoll wanderte es sich, wenn man wußte, daß auch hier schon eine Staustufe und ein Kraftwerk geplant und bereits ein paar Millionen verlocht waren, als man den Plan aufgab – selbstverständlich nicht aus Gründen des Landschaftsschutzes, sondern aus rein wirtschaftlichen Erwägungen. Auch Ingenieure und Manager verrechnen sich zuweilen und stecken zurück. Bleibt zu hoffen, daß es auch den Plänen, den Hochrhein vollends einzustauen und schiffbar zu machen, so ergeht. Nicht selten ist die Zeit der beste Natur- und Heimatschützer.

In Kadelburg, als wir auf das Postauto warteten, schoß die erste Schwalbe dieses Frühjahrs um die Giebel, und die Kunde von ihr nahm ich als Mitbringsel mit heim auf den nebelverhangenen Schwarzwald.

11. 5.

Aufgeschoben war nicht aufgehoben. Seit ich meine Hochrheinwanderung mit Hans auf der Küssaburg abgebrochen hatte, plagte mich der Gedanke an die Fortsetzung zum Bodensee, und als feststand, daß mit Hans vorerst nicht zu rechnen war, entschloß ich mich rasch. Wenn mich die Wanderlust ankommt, wartet schon der Rucksack griffbereit in der Ecke, und Els ist Überraschungen gewohnt. Sie kennt ihren Alten und läßt ihn ziehen. Noch jedesmal ist er wiedergekommen.

Also fuhr ich heute morgen mit dem frühesten Eilzug von Freiburg das Oberland hinauf und von Basel am Hochrhein entlang. Zur Linken stieg der Hotzenwald auf – grüß Gott, alter Hotz! Zu Landschaften, die man einmal mit den Beinen abschritt, hat man gleich ein viel persönlicheres Verhältnis. Waldshut mit seinen Tortürmen zog vorbei, hinter Tiengen öffnete sich die weite Mulde des Klettgaues, von bewaldeten Höhen eingefaßt, und zur Rechten erhob sich die steile Kuppe mit der Mauerzackenkrone der Küssaburg. Damit war der Anschluß an die abgebrochene Wanderung hergestellt. Erzingen war die nächste Bahnstation, unmittelbar vor der Schweizer Grenze. Ich stieg aus und ging durch den Zoll, wo niemand sich für den Rucksackwanderer interessierte. Mit den Landesgrenzen geht es im Klettgau ein bißchen durcheinander, und man nimmt sie nicht allzu ernst. Gleich hinter der Grenze kam Trasadingen, blitzsauber wie alle Dörfer

in der Schweiz, knappe zehn Minuten von Erzingen entfernt, und wieder einmal meinte ich, jenseits der Grenze eine andere Luft zu atmen. Im erstbesten Laden kaufte ich mir ein Päckchen Schweizer Stumpen.

Mein Weg stieg durch die Trasadinger Reben. Es war frisch, und ein paar Regentropfen spritzten vom bedeckten Himmel. Das Frühjahr war in den letzten vier Wochen kaum vorangekommen, doch schienen die Frostnächte den Reben nicht geschadet zu haben. Nur die erfrorenen schwarzverschrumpelten Blütenwürstchen der Nußbäume bedeckten den Weg.

Auf dem flachen Rücken des Hallauer Berges lagen in den Äckern und Wiesen in weiten Abständen Berghöfe, behäbig und vornehm wie Herrensitze. Man war schon am Häufeln der Kartoffeln, mit Pferdegespann übrigens. Der Feldweg über die langgestreckte Höhe, von Lerchen und Schwalben umschwirrt, weckte Behagen in mir. Zur Linken strichen die Höhen jenseits der Wutach, dahinter am westlichen Horizont der Hotzenwald. Rechts in der Talebene unter der Buchenwaldstaffel breitete sich der scheckige Flickenteppich der Felder aus: sattbraun die Äcker, blaugrün die Wintersaat und leuchtendgelb der Raps selbst unterm grauen Himmel. Natürlich wußte ich: flurbereinigt, entwässert, maschinengerecht begradigt, mit Funziden und Herbiziden gespritzt, ohne Busch und Baum die ganze ebene Talbreite, Musterbeispiel einer degradierten Kulturlandschaft, eigentlich hätte ein natur- und umweltbewußter Wanderer nichts Schönes an ihr sehen dürfen. Gleichwohl überwog bei mir das Wohlgefallen an den Farben und Formen. Sicherlich hat mir das Wandern den Blick für die lebensgefährliche Bedrohung von Natur und Landschaft geschärft, und ein Leben lang habe ich für Naturschutz und Landschaftspflege gekämpft. Doch der liebe Gott soll mich davor bewahren, vor lauter Naturwidrigem je zu übersehen, was an Schönem, Stillem und Einfachem auch noch da ist. Ich meine, ich habe es mir verdient, beim Wandern mich darüber zu freuen, ganz einfach zu freuen.

Der Weg zog sich über das weite waldfreie Feld des Hallauer Berges lange nach Osten auf die ferne Kulisse des Hohen Randen zu, das Zwischenglied zwischen Schwäbischer Alb und Schweizer Jura. Wie schön, daß keine Sonne brannte! Ich lief und lief, es war eine Lust zu laufen. Einmal fiel mir ein, zum vollen Behagen fehle mir etwas; es fehlte der Kamerad, mit dem ich meine Vergnügtheit teilen konnte. Ich mußte mich erst wieder an die Einzelgängerei gewöhnen.

Allmählich regnete es sich ein. Das Land versank in der Trübe, vor mir der Hohe Randen rückte in immer weitere Ferne, wie sehr ich auch meine Schritte beschleunigte, und die Wolkendecke senkte sich immer tiefer auf die Höhen herab. Wo der Wanderweg die Landstraße Stühlingen–Schaffhausen überschreitet, stand ich in der Schutzhütte einer Bus-Haltestelle unter, ließ es regnen und die Autos vorbeirauschen. Als es mir zu lange dauerte, steckte ich mir einen Stumpen ins Gesicht, ein bewährtes Mittel in solchen Fällen. Und ehe der Stumpen ausgeraucht war, ließ der Regen nach.

Jenseits der Straße ging mein Weg in den Wald, und der Aufstieg auf den Hohen Randen begann. Eichen und Buchen standen im ersten Laub, und unter ihnen war der Boden mit weiten dicken Teppichen von Bärenlauch ausgelegt, die den Wald mit einem unwirklich grünen Licht und kräftigem Geruch erfüllten. Der Pfad stieg im Zickzack den steilen Hang hinauf, stieg mit mir in die Wolken hinein. Bleiches Gestein zeigte Weißjura an. Zu regnen hatte es aufgehört, doch im Wald regnet es zweimal; aus den Wipfeln schüttelte der Wind Tropfenschauer mir zur Erfrischung ins Genick.

Die Hochfläche war erreicht, 870 Meter überm Meer. Hier oben standen die alten Buchen noch kahl. Die Bäume begrünten sich von unten nach oben, zuerst das Unterholz, zögernd dann in den hohen Wipfeln wieder zuerst die unteren Äste und zuletzt die oberen Zweige, doch auch sie schlugen die einen früher, die andern später aus. Offenbar trauten sie den Eisheiligen nicht.

Der Wald öffnete sich zu Bergwiesen, aber die Milchsuppe nahm jede Sicht. Sollte ich hinaus aus dem Nebel nach Schaffhausen hinunter? Ich könnte es noch gut schaffen. Nein, hier oben wollte ich besseres Wetter abwarten, und wenn es drei Tage dauerte, den Randen kannte ich bisher nur von weitem, und wer wußte, ob ich noch einmal hierherauf kam. Außerdem hatte ich eine Vorliebe für Schweizer Landgasthöfe, und da war in der Nähe das Berggasthaus auf dem Siblinger Randen.

Im Randenhaus kam ich unter. Ich war der einzige Gast. Zwar begann um 17 Uhr hier der Wirtesonntag, und die Wirtsleute wollten ins Dorf hinunterfahren, doch stellte mir der Wirt noch ein ausgiebiges Z'Vieri und einen halben Liter Gächlinger Roten auf den Tisch. So würde sich ein einsamer Abend aushalten lassen, sogar ohne Radio und Fernsehen.

66

Ich saß auf der Ofenbank und blickte durchs Fenster in den Nebel. Flog da nicht ein heller Schimmer durch das milchige Grau? Ich rieb mir die Augen. Plötzlich wurde der Nebel durchscheinend. Drunten zeichneten sich besonnte Wälder ab in pastellfarbenem Grün, hell die Buchen, dunkel das Nadelholz und rötlich dazwischen die noch unbelaubten Wipfel. In der Ferne erschienen Waldrücken, zwischen denen sich da und dort helle Dörfer eingenistet hatten. Dann riß auch hier oben das Gewölk auf, Himmelsblau brach durch, und Sonnenlicht flutete ums Haus, über Wiesen und Wald. Ich ließ den Wein stehen und lief hinaus, der Wirt rief mir noch den Weg zum Randenturm nach.

Das Eisengerüst stand auf einem Bergvorsprung und ragte über die Wipfel hinaus. Der Blick stürzte in die Tiefe und flog in die schimmernde Weite, nach Westen bis zum Schwarzwald und nach Süden ins Schweizer Mittelland. Die Welt lag mir zu Füßen und zeigte sich von ihrer schönsten Seite – so schön, daß ich nicht einmal ans Fotografieren dachte.

Als ich mich sattgesehen hatte, bummelte ich durch den leuchtenden Wald zum Randenhaus zurück, einem einsamen Abend entgegen.

Doch es kam anders. Ein dicker Mercedes stand vor dem Haus, ein weiterer Gast war gekommen und wurde trotz Wirtesonntag von den aufbrechenden Wirtsleuten herzlich begrüßt, der Sprache nach schien es ein Bundesdeutscher aus nördlichen Breiten zu sein. Dann fuhren die Wirtsleute davon und überließen die beiden Gäste sich selber. Ich saß wieder auf der Ofenbank, sürpfelte, rauchte vor mich hin und schrieb in mein Tagebuch; der andere, ein Mensch in den Vierzigern, saß in der entgegengesetzten Ecke der Wirtsstube und tat desgleichen. Als ich mein Heft zuklappte, schloß er das seine ebenfalls und fragte, ob er sich an meinen Tisch setzen dürfe. Natürlich durfte er. Er sagte, er pflege stets, wenn er in der Gegend zu tun habe, hier oben zu übernachten. Seine Firma würde zwar nichts dagegen einzuwenden haben, wenn er im Hotel Bellevue nächtige, der Luxusherberge hoch überm Rheinfall, doch ihn ziehe es ins Randenhaus, wo er so gut wie daheim sei. Wenn er da am Fenster sitze und den Ausblick genieße, falle ihm jedesmal ein Gedicht ein – ob er mir das heutige vorlesen dürfe?

Ich hörte mir das Gedicht an und fand es nicht übel. Nun ja, ich fotografierte und er dichtete. Ich fragte ihn, woher er komme und was er tue. Er kam aus Sindelfingen und vertrat eine Firma, die Bohrhämmer herstellte, und hielt mir einen halbstündigen Vortrag über moderne Bohr- und Sprengtechnik, wie sie etwa beim Bau des Hotzenwaldwerkes angewandt worden war. Der Mann wußte anschaulich zu schildern, und noch selten habe ich technischen Ausführungen so gespannt zugehört. Von Speicherkraftwerken kamen wir auf Kernkraftwerke und Umweltschutz, und er sagte, er habe auch ein Gedicht über dieses Problem gemacht und wolle es mir schicken. Als ich ihm meine Adresse auf einen Zettel schrieb, stutzte er. Ein Mann meines Namens sei ihm aus der Zeitschrift des Schwarzwaldvereins bekannt; er sei Mitglied der Ortsgruppe Sindelfingen.

O Schwarzwaldverein – ich entging ihm nicht! Wir tranken einander zu und freuten uns über den Abend.

12. 5.

Ein blitzblankblauer Himmel stand über einem sonendurchfluteten Land. Die Wiesen und Wälder leuchteten, und weit draußen im Schweizer Mittelland hoben sich die Waldrücken aus zartgesponnenen Morgennebeln. Trotz Wirtesonntag stand um Sieben mein schweizerisch währschaftes Frühstück bereit. Auch der Wanderfreund aus Sindelfingen war schon munter. Er hatte über den gestrigen Abend wieder ein Gedicht gemacht, das er mir zusenden wollte.

Ich schwang den Rucksack auf den Buckel, und er stieg in seinen Mercedes. Zwei glückliche Menschen – ob wir uns je einmal wieder über den Weg laufen werden?

Es war ein köstliches Wandern durch die Frühe. Die Hochfläche senkte sich allmählich der Morgensonne entgegen, die Bergwiesen funkelten vom Tau, die Buchenwälder waren festlich illuminiert, der Kuckuck rief, ich war voll Freude und Dank und sang alle Morgenwanderlieder, die mir einfielen, selbst ein Choral fügte sich in den Marschtakt. Im Osten hob der Hohenstoffeln majestätisch sein doppelgipfliges Haupt über eine unsichtbare Landesgrenze. Ich wollte nach Schaffhausen hinunter und dann rheinaufwärts, wollte den badischen Einsprengseln Büsingen und Gailingen einen Besuch abstatten, und am Bodensee, am Schienerberg, war dann die Wanderung zu Ende.

Die neuen Viertel von Schaffhausen schoben sich in die Landschaft und wuchsen mir entgegen. Die wunderbare Altstadt mit ihrem quirligen Leben umfing mich. Es zog mich zur Schiffslände, ein Hintergedanke bohrte in mir, den ich mir selber nicht recht eingestehen wollte. Es wäre ja immerhin möglich, daß der Schiffsverkehr Schaffhausen–Untersee schon aufgenommen war. Und als tatsächlich das schwanenweiße Motorschiff abfahrbereit an der Lände lag, betrachtete ich dies als ein mir persönlich zugedachtes Geschenk. Vergessen war der Wanderplan, ich stieg ein und kaufte mir zur Feier des Tages eine Fahrkarte 1. Klasse, Oberdeck.

Die Fahrt von Schaffhausen den Rhein hinauf zum Untersee hatte ich schon öfter gemacht, es ist wohl eine der schönsten Stromfahrten Mitteleuropas. Hier hatte der Rhein streckenweise das Ansehen eines unberührten Waldstromes bewahrt, der Trauf der Bäume wölbte sich weit über die ziehenden, wirbelnden Wasser, sie strömten ungehemmt und klar und waren mit Wassergeflügel aller Art bevölkert, Weihen, Reiher und Eisvögel schienen sich vom Schiff und seinen Fahrgästen kaum stören zu lassen, und auch wo der Wald zurücktrat, hatten die Felder und das Weidevieh, die Siedlungen und selbst die Menschen etwas märchenhaft Unberührtes, Ursprüngliches. Hier ahnte man noch etwas von einer heilen Welt, und ich gestehe, daß ich mich ihrem Zauber ohne Bedenken überließ.

Ach, dachte ich, arme Teufel, die sich nicht genug tun können, die »heile Welt« madig zu machen! Als ob erst sie den Wurm im Apfel entdeckt hätten! Sicherlich sind sie nie gewandert oder mit dem Schiff von Schaffhausen rheinaufwärts gefahren. Sonst wüßten sie, daß diese Welt wohl heillos, aber noch nicht am Ende ist. Gottes gute Schöpfung schimmert durch.

In Stein, wo der Rhein sich zum See weitet, stieg ich aus. Das liebe alte Städtchen war von Fremden überlaufen, in deren Schwarm sich unsereiner nicht wohl fühlte, so daß der Bummel über die Hauptstraße auf den Einkauf eines original schweizerischen Mitbringsels für die beste aller Frauen beschränkt wurde. Lieber verdrückte ich mich für eine Weile in die stillen mittelalterlichen Winkel um das Kloster St. Georg, wo sich das Museum befindet und Fremde nur selten anzutreffen sind.

Mit der Schiffahrt hatte ich mir ein paar Stunden dieses letzten Wandertages eingespart, die ich anderswo wohl zu einem außerplanmäßigen, zusätzlichen Marsch benutzt haben würde. Doch zum krönenden Abschluß meiner Hochrheinwanderung wollte ich sie faulenzenderweise irgendwo am See verbringen. Es hatte eine Zeit gegeben, wo mich eine Art von Seekrankheit zu befallen pflegte, wenn ich nicht mindestens einmal im Jahr Bodenseeluft schmeckte. Die Erinnerung kribbelte in mir, ich nahm die Landstraße nach dem nahen Öhningen unter die Füße, wechselte ungefilzt durch den Zoll ins Vaterland hinüber und bog den nächstbesten Weg ab zum See hinunter. Noch vor fünfzig Jahren waren die Ufer fast überall ungestörte, unverbaute, nicht dem Fremdenverkehr dienstbar gemachte Natur; heute muß man frei zugängliche, natürliche Uferstrecken suchen. Doch das sollte mich jetzt nicht bekümmern. Ich suchte und fand noch ein Stück freies Seeufer, *mein* Stück. Ich trieb mich zwischen den schönen hochgewachsenen Silberweiden herum und unterhielt mich mit Bläßhühnern, Schwänen und Haubentauchern. Ich lag im Gras, den Rucksack unterm Kopf, und blinzelte über die helle Wasserfläche hinüber zum Schweizer Ufer mit seinen Pappeln und Schilffeldern und dahinter dem bewaldeten Seerücken. Es roch nach nassen Kieseln und faulendem Schilf, die Zeit versank, ich weiß nicht, ob ich wachte oder schlief, und auf einmal war es wie vor fünfzig Jahren. Ach, Gottes Erde ist gut und schön, trotz allem, was wir ihr antun!

Unbemerkt hatte sich Gewölk vor die Sonne gezogen, doch als Regen prasselte, der See in Aufregung geriet und das jenseitige Ufer hinter grauen Vorhängen verschwand, saß ich schon im Postauto, das mich nach Radolfzell zur Schwarzwaldbahn brachte.

Von Schonach nach Simonswald

24. Juni 1981

Im Juni des Jahres 1832 unternahmen 29 Forststudenten der königlich württembergischen Hochschule Hohenheim mit ihrem Professor eine sechzehntägige Wanderung durch den Schwarzwald und hinterließen einen ausführlichen Bericht. Die Gesellschaft war gut zu Fuß; in den 16 Tagen legte sie eine Strecke von rund 550 km zurück und kam auf den respektablen Tagesdurchschnitt von 37 km. Dabei fand sie noch Zeit, sich in den durchwanderten Waldbeständen umzusehen, Mineralien und Käfer zu sammeln, Bergwerke, Salinen und Uhrenfabriken zu besichtigen und mit französischen Forststudenten, die ebenfalls im Schwarzwald unterwegs waren, kameradschaftlich zusammenzutreffen. Was mir meine jungen Kollegen von damals so sympathisch macht, ist nicht allein der Umstand, daß sie in den Waldbeständen Sachverstand und kritischen Blick bewiesen und tüchtige Marschierer waren. Vielmehr gefällt mir, daß sie auf ihrer Exkursion nicht bloß fachsimpelten, sondern ein offenes Auge auch für die Eigenart und Schönheit der durchwanderten Gegenden hatten und dies in den Tagesprotokollen, die im täglichen Wechsel von den Teilnehmern geführt wurden, bezeugten.

Am achten Tag ihrer Exkursion waren die Hohenheimer von Triberg über Simonswald und Waldkirch nach Freiburg gewandert, und am 149. Jahrestag ihrer Wanderung wollte ich ihnen von Schonach nach Simonswald folgen, um festzustellen, was inzwischen aus den damals beschriebenen Waldbeständen geworden ist und wie sich der Wandel im Wald- und Landschaftsbild ausgewirkt hat. Es hatte mich einige Mühe gekostet, nach dem Exkursionsbericht den Weg zu ermitteln, den die Gesellschaft ging. Da man seit Überschreiten der Landesgrenze sich im Ausland befand und zu den badischen Forstleuten keine Verbindung hatte, hielt man sich hier so weit wie möglich an die Straßen, auf denen es sich im Zeitalter der Postkutsche sicher und beschaulich dahinwandern ließ. Wo dies nicht möglich war, nahm die Exkursion bisweilen den Charakter einer abenteuerlichen Expedition in unbekanntes Gebiet an, wie es denn auch an diesem Tag geschehen sollte. Da es von Triberg nach Simonswald keine Straße gab, nahm man einen ortskundigen Führer mit. Der Bericht erwähnt wohl ein Torflager, eine Sägmühle, einen Wald des Fürsten von Fürstenberg, dann Verschanzungen auf der Höhe und, als einzigen namentlich bezeichneten Punkt, ein *»Gefällhäuschen«*. Daraus ließ sich allenfalls eine allgemeine Marschrichtung Rohrhardsberg – der im Bericht nicht genannt ist – erschließen. Doch ich mußte es genau wissen. Ich studierte die Topographische Karte, befragte Kollegen, Ratschreiber, Bauern und Waldarbeiter und brachte schließlich heraus, daß seit alter Zeit alljährlich eine Wallfahrt von Simonswald nach Triberg stattfinde und die Wallfahrer bis zum heutigen Tag einen uralten Wechsel über den Rohrhardsberg benutzten. Der Triberger Führer konnte die Gesellschaft gar keinen anderen Weg geführt haben!

Es ist ein heiterer Sommermorgen, als ich bei der Kirche in Schonach, wo der Weg der Simonswälder Wallfahrer vorbeizieht, die Fährte der Hohenheimer aufnehme. In ihrem Bericht heißt es: *»Von Triberg begaben wir uns unter Begleitung eines Führers früh um halb sechs Uhr auf den Weg, der sich theils sanft, theils schnell ansteigend durch ein hübsches Thälchen fortzieht, dessen Reize noch durch einen kleinen Bach, der hie und da niedliche Wasserfälle bildet, erhöht wurden.«* Aber *»rechts und links an den Berghängen bietet sich nichts als schlechtgefehmelte Fichten- und Forchenbestände dar, die meist parzellenweise angesiedelt sind und verschiedenes Alter haben. Der Hakwaldbetrieb wechselt außerdem mit Viehweiden ab.«* – Die Hohenheimer würden Augen machen, könnten sie sehen, was inzwischen aus den Orten Triberg und Schonach geworden ist; erst oberhalb Schonach entspricht die Wiesenmulde des Turntals, durch das der Wallfahrtsweg zur Höhe führt, noch einigermaßen dem Idyll von damals.

Im Emporsteigen versuche ich mir das Bild des Waldes in der Landschaft von damals vor Augen zu rufen. Auf den Höhen gingen Wald und Feld ineinander über; der Wald – Bauernwald – war infolge der üblichen Waldweide und der planlosen Nutzung, die sich um den Nachwuchs nicht kümmerte, (ungeregelter Femelbetrieb) von »Blüttenen« (Blößen) durchsetzt und in »Schachen« (kleine Waldinseln oder Baumgruppen) aufgelöst, während auf dem Weid- und Reutfeld wildes Gestrüpp und Gehölz aufkam. Auch die »Hackwälder« (Reutberge) hatten mit dem, was wir unter Wald- und Forstwirtschaft verstehen, kaum etwas zu tun. Man machte eine »Rütti«, indem man Gehölz und Gestrüpp abräumte, das Reisig mit den »Wäsen« der abgeschorbten Bodendecke verbrannte, die Asche als Dünger verteilte und zwei bis drei Jahre lang Getreide, auch Kartoffeln anbaute. Dann war die Kraft des Bodens erschöpft, und das Feld blieb als Weide liegen. Die Wurzelstöcke trieben wieder aus und bildeten den »Bosch«, der nach 15–20 Jahren erneut auf den Stock gesetzt und gereutet wurde –, eine Nutzungsart, die dem Mangel an Ackerland entsprang, jedoch zur Aushagerung und Abschwemmung des Bodens führte. Heute sind an die Stelle der Reutberge gleichwüchsige, geschlossene Fichtenbestände getreten, wie sie zwangsläufig aus Aufforstungen hervorgehen. Die scharfen Grenzen, mit denen der Wald sich vom Feld absetzt, sind eine Auswirkung des Badischen Forstgesetzes von 1833, das mit der Anordnung der Vermarkung und Vermessung der Waldungen die Trennung von Wald und Feld herbeigeführt und damit das Gesicht der Schwarzwaldlandschaft nachhaltig verändert hat. Die forstgesetzliche Regelung hat sich indessen auch auf die Vorstellungen der Allgemeinheit von der »schönen Landschaft«, dem »schönen Wald« ausgewirkt; kaum jemand empfindet heute die säuberliche Abgrenzung von Wald und Feld als unnatürlich und läßt sich durch die geometrisch starren Trennungslinien stören, die das Gesicht der Kulturlandschaft durchschneiden. Und ebensowenig empfindet er die gleichförmigen Fichtenreinbestände als unnatürlich. Der Mensch gewöhnt sich an alles; was der Fachmann für schön hält, weil es seinen Zwecken entspricht, findet meist mit einiger Verzögerung auch das Gefallen des Publikums. Ob das so bleiben muß? Ich könnte mir denken, daß das gesteigerte Umweltbewußtsein des Bürgers im Volke ein mehr ökologisch bedingtes Schönheitsempfinden bewirkt, das den Vorstellungen des Waldwirtes womöglich vorauseilt. – Das Landeswaldgesetz von 1976 bestimmt, daß bei der Bewirtschaftung des Waldes die Vielfalt und natürliche Eigenart der Landschaft zu berücksichtigen und besonders auf die Anlage und Pflege naturgemäß aufgebauter Waldränder zu achten ist, und daß ausreichende Lebensräume für die einheimische Pflanzen- und Tierwelt zu erhalten sind. Fichtenreinbestände werden diesen Bestimmungen sicherlich nur bedingt gerecht; sie sind allenfalls eine Vorstufe auf dem Weg zu einem naturnahen Wirtschaftswald. Bis auf dem Schwarzwald das Landschaftsbild vom naturnahen und heimatlichen Bergmischwald geprägt ist, werden noch einmal 150 Jahre ins Land gehen.

Der Bericht fährt fort: »*Auf dem Plateau des Gebirgs trafen wir ein Torflager, das aber wenig benutzt wird; auf ihm zeigten sich Legforchen und verkrüppelte Fichten . . . Man trifft hier viele einzelne Häuser, deren Bewohner runde Hüte aus Roggenstroh flechten, die von dem weiblichen Geschlechte bis nach Freiburg etc. zum Verkauf gebracht werden.*« – Beim Wolfbauernhof mit seiner schönen hölzernen Kreuzigungsgruppe an der Hauswand erreiche ich die Höhe und finde das Torfmoor nahebei; es ist, wie alle Hochmoore des Grundgebirgsschwarzwalds nicht mit »Legforchen«, der liegenden, wohl aber mit Spirken, der aufrechten Wuchsform der Bergkiefer, bestanden. Auch heute noch trägt die Hochfläche Waldstücke, hinter denen sich einsame Höfe und Gütchen verbergen; der nicht sehr nährstoffreiche, oft blocküberlagerte Granitverwitterungsboden erlaubt keine großflächige Landwirtschaft. Zur Behebung der Not in dieser einst weltabgeschiedenen Einöde hatte der letzte vorderösterreichische Obervogt Huber von Triberg das Strohflechten eingeführt; das zarte Roggenstroh von den Rüttenen war für Flechtarbeiten besonders geeignet. Huber ließ auf seine Kosten einen Strohflechter aus der Toscana kommen, um mit seiner Gattin von ihm die dortige feine Flechtart zu erlernen; dann unterrichtete das obervogtliche Ehepaar die armen Leute und bemühte sich auch um den Absatz der Flechtarbeiten. Heinrich Hansjakob hat diesen außergewöhnlichen Mann einen »Beamten von Gottes Gnaden« genannt; was er sonst noch von Huber zu berichten wußte, muß man bei Hansjakob selber nachlesen (in »Erinnerungen einer alten Schwarzwälderin«).

Auf der Höhe folge ich dem Wallfahrtsweg über die Höfe der Vorderen und Hinteren Vogte und gerate in den Bauernwald, den der Exkursionsbericht so beschreibt: »*Auf unserem weiteren Weg sahen wir einen ganz unregelmäßigen Fichtenbestand mit einzelnen Buchen gemischt, die erst jetzt sich belaubten. Die Fehmelwirthschaft ist in diesen Privatwaldungen durchaus in vollem Gange.*« – Heute begegne ich da einem ungleichaltrigen Fichten-Tannen-Buchen-Bestand, einer Insel im Fichtenmeer. (Der Wanderer ist versucht, das Bild von der »Oase in der Fichtenwüste« zu gebrauchen, wird aber vom Forstmann zur Ordnung gerufen.) Wo kürzlich der Bauer nach alter Vätersitte das Altholz plätzweise grob herausgeschlagen hat, stehen im Jungwuchs zahlreiche Fichten-, Tannen- und Buchenvorwüchse, so daß hier in abermals 150 Jahren aller Voraussicht nach immer noch ein »ganz unregelmäßiger Femelwald« stehen wird. Wobei anzumerken wäre, daß das früher im Schwarzwald übliche planlose, um Nachwuchs unbesorgte Femeln von den Forstleuten abgelehnt und vom Forstgesetz von 1833 sogar verboten wurde, weil es zur Übernutzung, Verlichtung und Zerstörung der Wälder beigetragen hat; dagegen gilt der heute angewandte geregelte Femelbetrieb als Vorbild einer feinfühligen Weißtannenwirtschaft.

»Von hier zog sich unser Weg über ein kleines Thal, in dem eine Sägmühle steht, wieder bergauf in einen mit Weißtannen gemischten Fichtenbestand, der ein ganz sprechendes Bild des unregelmäßigsten Fehmelbetriebs darbietet ... Nachdem wir diesen schlechten Wald verlassen hatten, trafen wir, indem wir eine steile Bergwand hinanstiegen, auf einen ziemlich regelmäßigen und vollkommenen Fichtenbestand von etwa 60 Jahren, in welchem gerade eine Durchforstung vorgenommen wurde. Nach der Aussage des Führers ist dieser Wald Fürstlich Fürstenbergisches Eigenthum.« – Der Weg führte durch das Hochtal der hintersten Elz, wo zwar keine Sägmühle mehr steht, wohl aber beim Korallenhäusle noch eine »Sägmatte« vorkommt –, es stimmte alles genau. Bloß mit dem »*Fürstlich Fürstenbergischen Wald*« wollte es nicht klappen; hier gab es weit und breit keinen F. F. Wald und hat nie einen gegeben. Der ausgedehnte Staatswaldbesitz an der Ostflanke des Rohrhardsbergs ist erst in der zweiten Hälfte des 19. Jahrhunderts durch Ankauf und Aufforstung von Bauernhöfen und Taglöhnergütchen zustandegekommen; allein der Schänzlehof ist »eigentümlich« geblieben mit Feld und Wald. Aber zwischen Staatswald und Schänzlehofwald liegt noch ein kleiner Walddistrikt, der von altersher der Stadt Elzach gehört; er wird vom Wallfahrtsweg berührt, und es kann nicht anders gewesen sein, als daß der Triberger Führer, der offenbar kein Forstmann war, den Stadtwald irrtümlich dem Fürsten zuschrieb. Anlaß zum Irrtum könnte der Umstand gewesen sein, daß die nahegelegene Gemeinde Prechtal bis 1806 badisch-fürstenbergisches Kondominat gewesen war.

Und so führt mich der alte, verwachsene Wallfahrtsweg über den Hausplatz eines längst verschwundenen Hofes, bald auf Trampelpfaden über Stock und Stein, wo die Spuren der kürzlich vorbeigezogenen Wallfahrer noch zu erkennen sind, bald durch »alten Wald« – Mischbestände von Fichte und Tanne mit etwas Buche und Ahorn –, bald durch den »neuen Wald« der Aufforstungsbestände. Von einigen Waldmatten abgesehen, bedecken alter und neuer Wald die ganze weite Ostflanke des Rohrhardsberges; durch die Aufforstungen des 19. Jahrhunderts hat sich am Rohrhardsberg die Waldfläche reichlich verdoppelt.

»Von hier gelangten wir bald auf eine Hochebene, auf welcher wir eine herrliche Aussicht in das Rheintal genießen sollten, aber Nebel und Regen woben einen dichten undurchdringlichen Schleier um uns, so daß wir auf diesen Genuß verzichten mußten. Wir fanden auf dieser Höhe Spuren von Verschanzungen, welche vor Zeiten von den Oestreichern gegen die Franzosen aufgeworfen worden waren. Der Platz ist Viehweide, die Holzvegetation ist spärlich.« – Ja, so kannte ich auch noch aus den Nachkriegsjahren das Höchste des Rohrhardsbergs (1152 m ü. M.). Der alte Vierecksschanzwall der Redoute ist heute noch gut erhalten. Im Volksmund hat sich der Name »Schwedenschanze« eingebürgert, doch war noch dem Wegführer ihr österreichischer Ursprung bekannt; seit sie im Spanischen Erbfolgekrieg (1701–1714) im Verlauf der den Schwarzwald der Länge nach durchziehenden Verteidigungslinie angelegt wurde, waren es auch erst 120 Jahre her.

Mit der herrlichen Aussicht ist es jetzt aus und vorbei, auch bei klarem Wetter. Am Osthang hat der Schänzlebauer seit dem Krieg die obersten, hoffernsten Teile seines ausgedehnten Weidberges aufgeforstet, und wo er nicht aufforstete, kommt der Wald von allein; Fichte und Wacholder erweisen sich in den Hochlagen als Pioniere einer natürlichen Entwicklung zum Wald. Wer die weite Schau zur Hornisgrinde, zum Kniebis und zur Schwäbischen Alb genießen will, muß heute schon ein gutes Stück durch Fichtendickungen den Osthang hintergehen. Ein Geviert altes Weidfeld mit einem schönen Bestand von Bergwohlverleih (Arnika) ist als Naturschutzgebiet von der Aufforstung ausgenommen und muß von der natürlichen Bewaldung durch anfliegenden Fichtensamen regelmäßig gesäubert werden.

Nach Westen zur Rheinebene wird die von den Hohenheimern erwartete Aussicht schon seit hundert Jahren durch einen Fichtenbestand versperrt. Vier Jahre nach ihrem Besuch nämlich hat der Staat den zu Simonswald gehörenden und bis auf die Höhe des Rohrhardsbergs reichenden Oberen Gfällhof gekauft, Hofgebäude und Berghäusle abgebrochen und das Feld aufgeforstet, und wenn das jetzt 140jährige Altholz geräumt sein wird, ist in den Schneebruchlücken schon wieder der junge Wald hochgewachsen. Dafür hat man dem Berg andere Attraktionen verpaßt. Der Turm einer Fernmeldeanlage überragt den Wald, und wo einst das Berghäusle des Oberen Gfällhofes stand, ist jetzt ein Wald-Parkplatz angelegt, zu dem vom Elztal herauf ein Forstweg asphaltiert und für Autos freigegeben ist. Der Besucher, der auf dem Rohrhardsberg einen Aussichtsturm vermutet, wird freilich enttäuscht.

»In der Nähe der Weide befindet sich ein Häuschen, unter dem Namen Gefällhäuschen bekannt, wo wir uns vor dem heftigen Regen etwas zu schützen suchten.« – Der Triberger Führer wird der Gesellschaft eben noch das Berghäusle gezeigt haben und hier umgekehrt sein mit dem Bemerken, der Weg nach Simonswald hinunter sei nun nicht mehr zu verfehlen, immer dem Bach nach.

Ich folge dem alten Pfad, der das Gfällhäusle mit dem Oberen Gfällhof verband. Die verwilderte Hofstätte (1000 m ü. M.) ist noch gut zu erkennen. Hier scheinen meine Hohenheimer die Spur der Wallfahrer verloren zu haben. Im Bericht heißt es: *»Von Schritt zu Schritt wurde der Weg beschwerlicher; er dachte sich sehr steil gegen die Rheinseite des Schwarzwaldes ab, und man mußte oft lange Strecken weit über nackte Felsen klettern, die durch den Regen überdies noch sehr glatt geworden waren; nach vieler Anstrengung kamen wir jedoch alle glücklich in einem engen Thale an, in welchem ein wilder Waldbach über Granitblöcke schäumend dahinrauscht.«* – Die Gesellschaft war in das Kostgefäll geraten, ein Hochtal, das durch eine felsige Schlucht vom unteren Tal abgeschnitten ist und heute noch zu den urigsten und entlegensten Winkeln des Schwarzwalds gehört. Als die Hohenheimer aufs Gfäll kamen, lagen da noch die beiden Gfällhöfe, die mit ihrer Talgemeinde Haslach-Simonswald und der Kirche in Alt-Simonswald (345 m ü. M.) nur über einen holperigen, steilen Karrenweg durch die Felsenhalde verbunden waren; zur Kirche brauchte man anderthalb, heimzu gute zwei Stunden. Kein Wunder, daß sich mit dem Oberen Gfällhof die wahrhaft heidnische Geschichte von einem rothaarigen Weibervolk, der »Gfällroten«, verband: Sie war eine wilde Jägerin, die sich an kein Gesetz und keine Grenze hielt und mit ihren Hunden über sieben Berge hinweg jagte; als sie gestorben war und man den Totenbaum (Sarg) aus dem Haus trug, hat sie den Leuten aus dem Fenster nachgeschaut und gerufen »Geht nur mit dem Dreck, ich bleibe da!«, und noch lange Zeit ist sie im Haus umgegangen.*

Im Jahr 1832 hatte der Obere Gfällbauer sechs Söhne, von denen keiner den Hof übernehmen wollte und die dem Vater in den Ohren lagen, den Hof zu verkaufen. Drei Jahre später ist der Hunderthektarhof denn auch an den badischen Staat verkauft worden. Fünf der Söhne sind mit ihrem Erbteil nach Amerika ausgewandert, und man hat nichts mehr von ihnen gehört, von dem im Land Gebliebenen übrigens auch nicht.

Um so mehr Respekt verdienen die Untergfällbauern, die auf ihrem Hof (920 m ü. M.) aushielten. Als im Jahr 1933 der Hof abbrannte, mußte das Baumaterial für den Neubau über den Berg von Furtwangen herbeigeschafft werden. Erst im Jahr 1960 hat die Gemeinde mit Hilfe des Grünen Plans ein weit durch die Sommerhalde ausholendes Teersträßchen gebaut, das dem Hof endlich zu einem befahrbaren Anschluß an die Talgemeinde verhalf.

Auch die frommen Wallfahrer von Simonswald haben sich neuerdings für das bequeme Grüneplansträßchen entschieden und dafür zwei Kilometer Umweg in Kauf genommen. Ich verzichte aber sowohl auf das glatte Sträßchen wie auf den holperigen alten Hofweg; wenn ich schon der Fährte der Hohenheimer folge, so will ich auch ihren Irrweg am Sturzbach und durch die Felsen hinunter mit ihnen teilen. Und es ist wahrhaftig ein abenteuerliches Unternehmen, selbst an diesem heiteren, trockenen Tag. Der Bericht hat nicht übertrieben, Wort für Wort stimmt er, und es ist nichts hinzuzufügen.

Am Ausgang der Schlucht trafen die Hohenheimer und treffe auch ich wieder auf den alten Wallfahrtsweg und das Talsträßchen, und ich habe durchaus Verständnis dafür, daß sie im erstbesten Hof einfielen. Es war der Lochbauernhof, der da hinten in einem rechten Armesünderspalt eingeklemmt liegt und in dem die Gesellschaft Schwarzwälder Gastlichkeit kennenlernte. Der Bericht läßt das Behagen spüren, das die jungen Forstleute nach ihrer nassen Kletterei erfüllte, als sie am warmen Kachelofen saßen und ein handfestes Vesper sich einverleibten, während die nassen Sachen am Ofengestänge dünsteten: *»Weiter unten im Thale stand ein ziemlich großes,*

---

*Mehr über die Gfällrote in F. Hockenjos, Wäldergeschichten, Freiburg 1980.

aus Brettern zusammengefügtes Haus, wie man es in der ganzen Gegend trifft, in welchem wir sowohl Schutz gegen den anhaltenden Regen als auch Erfrischung suchten. Eine große, getäferte, dunkle Stube nahm uns auf und die biederen Schwarzwälder mit ihren freundlichen Gesichtern setzten uns Milch, Brot, Branntwein und rohen Speck vor. Alles gruppierte sich höchst malerisch, während der Regen heftig an die kleinen Fenster schlug. – Nachdem wir unsere Kleider in der ohnehin gewärmten Stube getrocknet und uns, so gut es gehen konnte, erholt hatten, setzten wir unsern Weg, der von jetzt an immer freundlicher wurde (auch der Regen hatte nachgelassen), durch Kirschen-Alleen, unter welchen sich von Zeit zu Zeit wieder ein einzeln stehendes Haus zeigte, fort. Es begegneten uns sehr viele Thalbewohner, die, festlich gekleidet, von der Kirche des Dorfes Simonswald nach Hause kehrten, und schon einen viel milderen Charakter an den Tag legten als die Gebirgsleute.«

Im Kirchdorf Alt-Simonswald, vorn im breiten Tal, bin ich am Ziel und lasse die Hohenheimer allein nach Freiburg weiterwandern. Fast tut es mir leid; wir sind auf der gemeinsamen Wanderung gute Kameraden gewesen, und die 150 Jahre Unterschied haben gar nicht so viel ausgemacht. Ob nach weiteren anderthalb Jahrhunderten sich wieder einer findet, der mir nachwandert? Ob es dann zwischen Schonach und Simonswald noch Bauernhöfe gibt, oder ob sie bis dahin alle in Ferienhäuser und Hotels umgewandelt sein werden? Und ob der Wald bis dahin naturnaher Bergmischwald oder aber Holzplantage sein wird?

Zwar hat es mit meiner Wanderung nichts mehr zu tun, doch kann ich es mir nicht versagen, den weiteren Exkursionsbericht dieses Tages anzuschließen: »Vom Dorf Simonswald wanderten wir durch üppige Fluren unter schattigen Obstbäumen in das lachende Rheintal hinaus über das Städtchen Waldkirch nach Freiburg; es war gerade Sonntag, der Himmel hatte sich aufgehellt, die kräftigen Waldbewohner in ihrer eigenthümlichen hübschen Tracht waren zahlreich in die Thäler herabgestiegen und füllten die Straßen der freundlichen, an der Elzach gelegenen Stadt Waldkirch; immer üppiger wird von hier aus die Vegetation und lachender die Gegend bis nach Freiburg, wo wir bei guter Tageszeit anlangten. Ein glücklicher Zufall wollte, daß am nämlichen Abend eine von Herrn Blessing aus Furtwangen gefertigte Spieluhr vor zahlreichen Zuhörern in Bewegung gesetzt wurde; der Künstler wußte dem 10 Fuß breiten, äußerlich einfachen Kasten die schönsten Harmonien zu entlocken, so daß man sich in eine Oper versetzt glaubte; alle mögliche musikalische Instrumente ließen sich in den reinsten melodischen Tönen unterscheiden, und mit Bewunderung betrachteten wir nachher den höchst sinnreichen Mechanismus dieses Kunstwerks. Es ist, wie wir hören, um 16,000 Gulden nach Nordamerika verkauft, wird vorher aber noch in London ausgestellt. Welche Riesenfortschritte liegen zwischen der ersten hölzernen, ganz einfachen Schwarzwälder Uhr und diesem Glanzpunkt deutscher Kunst!«

Im Reich der Weißtanne
Von Gengenbach nach Alpirsbach
7. – 9. September 1981

7. 9.

Als ich überlegte, welchen der Hauptwanderwege des Schwarzwaldvereins ich noch nicht gegangen war, verfiel ich auf den »Querweg Gengenbach – Nordrach – Schapbach – Alpirsbach«, den ich bisher nicht ganz ernst genommen hatte. Stets bloß so zwischen 400 und 800 m ü. M., 50 km in drei Tagen, schien er mir ein richtiger Altherrenweg zu sein. Immerhin versprach er einen Querschnitt durch den mittleren Schwarzwald nördlich der Kinzig, und eine beschauliche Wanderung durch das Reich der Tannenwälder, und das mußte einen altgedienten Forstmann und eingefleischten Weißtannenfreund eigentlich locken.

Also fuhr ich nach Gengenbach. Nur sollte man einen Wandertag nicht in der prächtigen alten Freien Reichsstadt beginnen; auf Schritt und Tritt versucht sie einen festzuhalten, auch wenn man sie längst in- und auswendig kennt. Doch am Morgen sind die Beine ungeduldig und lassen ein genießerisches Bummeln nicht zu; im Nu war das Städtchen durchschritten und der Bergwald erreicht. Der Aufstieg aus dem Kinzigtal zur Moos wurde zum Wandern durch die natürlichen Waldstufen des Gebirges. Über den Reben begann es mit Eichen, Kesten und Buchen, zuweilen wurde auf der Sommerseite der hochstämmige Wald von einem Stück zusammengewachsenem altem Eichbosch, ehemaligem Schälwald, unterbrochen. Bald schob sich unter das Laubdach von den Höhen herab die Weißtanne und verdrängte die Eichen und Kesten. Tanne und Buche waren ein gutes Gespann, und bald gesellte sich zu ihnen als dritte im Bunde die Fichte (Rottanne), je höher mein Pfad stieg. An der Grenze des kristallinen Grundgebirges zum überlagernden Buntsandstein schließlich schied die Buche fast ganz aus und überließ dem dunklen Nadelwald das Feld.

Es war ein rechter Altweibersommertag; die Sonne schien mild, und die Landschaft lag in einem sanften Dunst. Das Heidekraut stand in voller Blüte. In den Buchenwipfeln zeigte sich das erste Gelb. Auch die Nase bekam zu tun; der strenge Geruch des gelbblühenden Springkrauts Rührmichnichtan wechselte ab mit dem Aasgeruch der Stinkmorchel, und in einem Holzschlag strömten frischgefällte Stämme Harzduft aus, der sogar den Benzin- und Dieselgestank jaulender Motorsägen und brummender Schlepper übertönte.

Auf dem Scheitel der Moos ragte aus den hohen Fichten der Turm, der dem Wanderer jene Schau bot, die schon vor dreihundert Jahren Grimmelshausen so eindrucksvoll beschrieb, daß sie der Heimatfreund heute gar nicht anders als mit Simplicissimi Augen erleben kann. Schon zu seiner Zeit war »das hohe Gebürg überall mit einem finstern Dannen-Wald überwachsen«, doch da es damals noch keinen Aussichtsturm gab, muß der Waldpelz Löcher gehabt haben, etwa an der ausgesetzten Stirn des Westhanges von einem Windgefäll oder einem Schneebruch oder dem Borkenkäfer. Oder war auf der moorigen Höhe der Wald durch Weidevieh so sehr aufgelöst? Jedenfalls lag heute wie damals dem Betrachter die ganze weite Ortenau zu Füßen: Im Rücken die ernsten, langgestreckten Waldhöhen der Buntsandsteindecke; dann auf der niedrigeren Granit- und Gneisstufe der herzerfreuende bunte Wechsel von Berg und Tal, Wald und Feld und Reben und dazwischengestreut in den Mulden die Dörfer und Zinken und Höfe; draußen schimmerte die Ebene. Und jenseits des Rheins nahm das schweifende Auge die Stadt Straßburg mit dem Münsterturm und am westlichen Horizont den Kamm der Vogesen ohne politische Skrupel mit hinzu, weil für unsereinen das Elsaß nun einmal auch zum Bild der Heimat gehört, von mir aus können die Elsässer es mit dem Schwarzwald auch so halten. Im Südosten freilich, wo Grimmelshausen die steile Quarzporphyrkuppe mit der Burg Hohengeroldseck erblickte und als den König im aufgesetzten Kegelspiel der Berge beschrieb, verwehrten jetzt nahe Fichtenwipfel die Fernsicht selbst vom Turm aus; der zuständige Förster schien lange keine Zeit mehr gefunden zu haben, sein Revier vom Turm aus zu überschauen, sonst hätte er den Ausblick zur Geroldseck gewiß schon freihauen lassen. Was sollte ein alter Lahrer mit der ganzen Ortenau ohne die Geroldseck!

Als ich mich gemächlich durch die Wälder ins Tal von Nordrach hinunter treiben ließ, spulte sich um mich Gestein und Wald in umgekehrter Reihenfolge ab: Kaum war ich aus dem Buntsandstein der Höhen wiederum in den Gneis abgesunken, da verlor der Nadelwald seine nordische Strenge; die Buche beteiligte sich wieder stärker und gab dem Waldkleid ein lichteres, wärmeres Aussehen. Wie konnte man im Schwarzwald wandern ohne ein Mindestmaß an natur- und waldkundlichem Wissen? Wie sonst erklärte man sich die Verschiedenheit der Bergformen, den Wechsel der Waldgesellschaften, aber auch die Eigenart des Wanderweges?

Im engen Wiesengrund am Talsträßchen machte die Quartiersuche jetzt, nachdem die Sommerferien vorbei waren, keine Schwierigkeiten. Nach einem erfrischenden Trunk hatte ich reichlich Zeit, das Tal hinauf und hinab zu streifen, die Höfe und Häuser, das Sägewerk und das Sanatorium zu betrachten und mit den Menschen ein paar Worte zu wechseln, freundlichen Nordrachern, gesprächigen Mannheimern und zurückhaltenden Jugoslawen. Der Bach neben dem Sträßchen war überwuchert von zwei hemdärmeligen Eindringlingen; beide waren aus Ostasien mit dem Schiff übers Meer gekommen und vom Rhein herauf den Bächen entlang in die hintersten Schwarzwaldtäler eingewandert. Zuerst war die indische Balsamine gekommen, mit ihren großen rötlichen Blüten eine Verwandte unseres gelbblühenden Springkrauts. Jetzt machte ihr an den Bachläufen der Sachalin-Knöterich mit übermannshohen Dschungeln das Leben schwer – Einwanderer beide, wie Italiener, Jugoslawen und Türken. Auch in der Natur ist alles im Fluß.

8. 9.

Kaum hatte ich den schweißtreibenden Aufstieg aus dem Nordrachtal geschafft und die Hochfläche des Buntsandsteins erreicht, als es zu regnen begann. Doch stellte sich bald alles als ein Spaß heraus, und am Himmel breitete sich ein blasses Blau aus. Auf und ab lief ich über die Höhen, stets durch Wald. Ein-, zweimal an diesem Tag, wenn der Weg sich am Hang hinzog und unterhalb des Weges junge Bestände stockten, öffnete sich ein Ausblick in die Welt der Berge und Täler. Sie lag in einem dämpfigen Qualm; die nahen Waldberge zeigten sich schiefergrau, nach der Ferne lichtete sich das Grau der Höhen, bis sie hinter der dritten Kette sich auflösten. So viel war immerhin zu erkennen, daß die Täler tief ins Grundgebirge eingenagt sind, eng und verwinkelt. Sie haben die Buntsandsteindecke in lange Rücken und steile Köpfe zersägt. Die Berge und Hänge bis weit in die Talgründe hinab deckte ohne Unterbrechung Tannenwald.

Stunde um Stunde lief ich durch die Wälder. Was tut ein Wanderer drei Tage lang auf einsamen Pfaden nur durch Wald? Er unterhält sich mit sich selber, und das ist noch lange nicht die schlechteste Gesellschaft. Ist der Wanderer zudem ein Forstmann, so unterhält er sich zusätzlich mit den Bäumen und hat Gesprächsstoff genug. Wenn ich im südlichen Schwarzwald wandere, bedrückt es mich oft, daß die Weißtanne, der Charakterbaum des heimatlichen Gebirges, seit hundert Jahren offenbar unaufhaltsam zurückgeht und vom Allerweltsbaum Fichte verdrängt wird; es hat dazu nicht erst des vielberufenen Tannensterbens bedurft. Um so mehr erfüllt es das alte Försterherz mit Befriedigung, hier im Gebirge nördlich der Kinzig zwischen den Fichten auch die Tannen kräftig mitmischen zu sehen. Im Schwarzwald gibt es nun einmal auf die Dauer keine Forstwirtschaft ohne die Weißtanne. Tannenmischwald ist gesund, ertragreich und schön zugleich. Die junge Tanne läßt sich freilich nicht einfach pflanzen wie die Fichte; sie will sich unter den alten von selber ansamen und langsam aufwachsen, und darum ist es im Reich der Tannenwälder mit Holzackerbau, mit Kahlschlagen und Anpflanzen nicht getan. Da muß der Forstmann naturnah wirtschaften. Wo in den Kriegs- und Nachkriegsjahren große Kahlschläge entstanden waren, wuchs auf den Schlägen zwar längst wieder Wald, aber notgedrungen reine Fichte, und am Fehlen der Tanne merkte man noch in hundert Jahren die Spuren jener notvollen Zeit. Doch jetzt kam in den jungen Beständen die Tanne wieder! Wohlgefällig streichelte ich mit den Augen den Nachwuchs unter dem Schirm des Altholzes und in den Jungbeständen. Nein, um die Weißtanne brauchte man sich hier, im Gebiet zwischen Kinzig und Rench, nicht zu sorgen. Was mir indessen auffiel: Auch wo in den Altbeständen die Buche noch beteiligt war, fehlte sie in Jungbeständen fast ganz, und dafür konnte man keiner Notzeit die Schuld geben. Wie zur Fichte die Tanne gehört, so gehört zur Tanne die Buche, alle drei gehören zusammen, weil sie einander ergänzen. In Gemeinschaft fördern sie einander im Wachstum und in der Widerstandskraft gegen Schnee und Sturm und Schädlinge; miteinander nutzen die Drei die Bodenkraft voll aus und erneuern sie zugleich. Wäre ich Forstmeister im Buntsandstein-Schwarzwald gewesen, so würde ich wohl zum Buchen-Eiferer geworden sein.

Wald Stunde um Stunde. Mein Leben lang läßt er mich nicht los, und noch immer nicht bin ich hinter alle seine Geheimnisse gekommen. Forstleute sollten halt so alt wie ihre Bäume werden, mindestens hundertfünfzig Jahre alt. Ein namhafter Vertreter der grünen Zunft, der alte Geheime Ministerialrat Rebel, meinte einmal, der Forstmann müsse sich täglich eine Stunde zum Sinnieren freihalten. Doch das ist lange her. Die jungen Forstleute haben zum Sinnieren keine Zeit mehr, Zeit ist Geld. Allenfalls Ruheständler können sie sich noch leisten, und beim Wandern durch die Wälder sinnieren sie denn auch nach Herzenslust, stellvertretend für die jungen gehetzten Kollegen. Und hoffen nur, daß für die Hetze nicht am Ende der Wald die Rechnung bezahlen muß.

Menschen traf ich selten. Lange blieb es bei der Holzhauerrotte hoch oben am Hang und bei den Autos am Löcherbergwasen, wo die Straße vom Harmersbachtal ins Renchtal wechselt. Dann, beim steilen Aufstieg zum Hermersberg, kamen mir zwei Mädchen entgegen, die den holperigen Pfad herab ihre Reitpferde sorgsam am Zügel führten; ein Fohlen folgte der Mutterstute bei Fuß. Sie fragten mich nach dem Weg, und ich fragte sie nach dem Woher und Wohin. Sie kamen vom Freiersberg und wollten zum Löcherbergwasen. Ohne Karte fand ich das ziemlich leichtsinnig, und beschämt senkten sie die Lockenköpfe. Insgeheim fand ich ihre Unbekümmertheit wunderbar.

Und auf der Littweger Höhe, wo mein Querweg den »Westweg Pforzheim – Basel« kreuzt, lagen auf den Bänken lang ausgestreckt zwei junge bärtige Gesellen, neben sich Texashut und Joggingschuhe, auf dem Rucksack Schlafsack und Gummimatte. Sie kamen von Pforzheim und wollten nach Basel. Ein bißchen Cowboy, ein bißchen Rocker, ein bißchen Aussteiger –, immerhin wanderten sie, und das ließ mich für sie hoffen.

Noch eine Stunde Wald und sonst nichts. Als ich es schon nimmer erwartete, schimmerten durch die Stämme freies Feld, Wiesen, ein Dach. Und das Wunder geschah, daß der Wald sich auftat! Vor mir sonnte sich eine heitere Insel im Tannenmeer, ich war wie geblendet von der Fülle des Lichts. Ja, das war der Schwarzenbruch, der mir, obwohl ich ihn nie gesehen hatte, durch Heinrich Hansjakob vertraut war; Hansjakobs Bücher hatte ich auf meine alten Tage wieder entdeckt. Am Waldrand blühte, von Bienen umsummt, das Heidekraut. Zwischen zwei Stechpalmenbüschen stand ein Kreuz, und der hölzerne Heiland breitete die Arme aus über die Welt des Schwarzenbruchs. Zu seinen Füßen warf ich den Rucksack ab und hielt große Rast. Die paar Höfe und Häuschen liegen hoch überm Schapbachtal auf einer Verebnung zwischen Gneis und Buntsandstein, wo ein Quellhorizont die Siedlung ermöglicht. Zwischen Wiesen und Tannenwald haben sich Reste von altem Eichbosch und Weidfeld mit lichten Birkenhainen und Ginsterstauden erhalten. Im weiten Dreiviertelsrund buckelte sich das Gebirge. Ich trank mich nicht satt. Auf dem Schwarzenbruch erblickte ich nur einen einzigen Menschen, eine Frau, die hinter ihrem Höfchen Holz scheitete. Die Männer arbeiteten wohl im Wald oder in der Schwerspatgrube. Doch die Gestalten von Hansjakobs Waldleuten und Erzbauern belebten mir die Einöde. Ich versuchte sie in die Gegenwart fortzuschreiben.

Beim Abstieg ins Schapbachtal geriet ich in Femelwald. Da wuchsen Tannen jeden Alters durch-, unter- und übereinander, nirgends gab es Blößen, nie ein Generationenproblem; die Jungen wuchsen unter dem Schirm der Alten heran, und traten die Alten ab, so waren die Jungen schon zur Stelle und rückten nach. Stets war der Raum zwischen Wurzeln und Wipfeln von lebendigem, schaffendem Grün erfüllt. Hier war der Stein der Weisen gefunden, der Einklang von Ökologie und Ökonomie hergestellt, und die Ästhetik ergab sich dabei von selber. Femelstruktur als Dauerform des Waldaufbaues ist nämlich kein Naturzustand, sondern entsteht im Laufe von Jahrhunderten durch eine besondere Art der Bewirtschaftung, die jeweils die stärksten Bäume erntet und sie aus dem Unterstand nachwachsen läßt, und die im Schwarzwald als »Femeln« bezeichnet wird. Femelwirtschaft ist nur mit der schattenertragenden Weißtanne möglich und verlangt vom Waldwirt feinfühliges Eingehen auf die Eigenart dieser Baumart. Die Schapbacher Waldbauern haben das pflegliche Femeln entwickelt, als die Flößerei auf Wolf, Kinzig und Rhein gutes Geld für ihre starken Holländerstämme erbrachte. Heute hat der Schapbacher Bauernfemelwald auch die Anerkennung der Forstwissenschaft gefunden und ist zum Wallfahrtsort ungezählter Forstleute und Waldwirte geworden.

Im Schapbachtal quartierte ich mich im erstbesten Gasthaus ein. Leicht hätte ich es noch ein Stück weiter geschafft, doch das erstbeste Gasthaus hieß »Zur Tanne«, und da vermochte ich nicht zu widerstehen. Ich duschte, löschte den Durst und streifte bis zum Abendessen noch einmal durch die Femelwälder von Wildschapbach. Der alte Forstmeister ging mit mir durch.

9. 9.

In der Nacht hatte es geregnet, nun hingen die Wolken tief ins Tal herein und verdüsterten die Welt. Nebelschlempen nisteten in den Falten und Winkeln des Gebirges. Gestern abend, als ich daheim anrief und Standortsmeldung erstattete, meinte Els, meine Ehehälfte, es sei Regenwetter angekündigt, und ob ich nicht lieber meine Wanderung abbrechen wolle. Doch Wanderwetter ist immer! Beim jungen Marschierer hieß es in solchen Fällen »Grad z'leid!«; der Leibspruch des alten Wanderers in allen Lebenslagen lautet »'s isch au so recht!«

Durch den schmucken, aber gästeleeren Ferienort Schapbach und durch triefende Wiesen stapfte ich bergauf, hinaus aus dem Tal dem Wald entgegen. Alles war grau in grau, nur die grellroten Beerendolden einer Eberesche brannten ein Loch in den trüben Tag. Durch Nebelwald stieg ich zum »Tor« hinauf, der tiefen Kerbe zwischen zwei steilen Köpfen, und stieß dort auf den »Mittelweg Pforzheim–Waldshut«. Vorgestern auf der Moos war es der »Kandelweg Oberkirch–Freiburg« und gestern bei der Littweger Höhe der »Westweg Pforzheim–Basel« gewesen. Bei allen dreien war es ein freudiges Wiedersehen, voller bunter Erinnerungen.

Eine Strecke weit folgte mein Querweg dem Mittelweg, stets durch hohen Wald, es sprühte ein bißchen, Nebelschwaden krochen geisterhaft zwischen den Stämmen her und hin, und ich geriet ins Sinnieren. Die Weißtanne – mein Leben lang habe ich mit ihr zu tun gehabt und bin darüber zu einem Tannennarren geworden, doch lange Zeit war die Tanne für mich ein Baum wie andere auch. Die Lehrjahre verbrachte ich bei einigen Tannen-Forstämtern, ohne dahinterzukommen, daß es mit der Tanne etwas Besonderes auf sich habe, anders als etwa mit der Fichte; auf der Universität hatte ich darüber nichts gehört, und auch meine Lehrherren wußten mir nichts dergleichen zu sagen. Erst als ich zu einem Forstamt im südlichen Schwarzwald kam, wo die Weißtanne im Jungwuchs schon rar geworden war, ist bei mir der Knopf aufgegangen, wie man eben manches erst wahrnimmt, wenn es fehlt. Zunächst freilich kamen die Jahre des Krieges und der Gefangenschaft, die mich von der Tanne allenfalls träumen ließen. Doch als ich danach das Schwarzwaldforstamt St. Märgen erhielt, verfiel ich der Weißtanne mit Haut und Haar. Von Natur bin ich leider sehr ungeduldig, doch im Umgang mit der Tanne habe ich Geduld gelernt. Ich merkte, daß die Weißtanne ein Eigenbrötler ist und als solcher behandelt werden will. Sie hat etwas gegen die moderne Gleichmacherei und läßt sich nicht drängen. In Gemeinschaft mit Buche und Fichte fühlt sie sich wohl, doch ihresgleichen hat sie nicht gern neben sich. Wachsen will sie entweder voraus oder hintennach, aber nicht Schulter an Schulter. Sie braucht Ellbogenfreiheit, und ein rechter Schwarzwälder hat dafür Verständnis, denn ihm selber ergeht es nicht anders; ihm ist in Reih und Glied auch nicht wohl. So haben wir uns mit der Zeit nicht schlecht verstanden, die Weißtanne und ich, und weil unsere Freundschaft über den Rahmen des Wirtschaftlichen hinausgeht, ist dieser Baum die Freude auch meiner Ruhejahre geblieben. In der Weißtanne verkörpert sich mir das Wesen von Land und Leuten des heimatlichen Schwarzwalds. Ja, wo die Weißtanne gedeiht, ist auch für mich die Welt in Ordnung. Dieser großartige Baum regt mich an, zu seinem Lob immer neue Worte zu suchen. Der Anblick eines Hanges voller Tannenwald, wenn das Gegenlicht die breitgewölbten Wipfel mit hellen Säumen verbrämt, erfüllt mich mit einem Gefühl des Glücks. Seit vielen Jahren bin ich mit dem Fotoapparat hinter diesem Motiv her, doch keine der ungezählten Aufnahmen ist mir schön genug, und ich werde wohl noch viele Bilder machen müssen, bis mir das eine, das schönste geglückt ist.

Mein Weg bog nach Osten ab und senkte sich unaufhaltsam. Als ich über dem Tal von Wittichen aus dem Wald trat, kam ich gerade dazu, wie der Nebel sich ballte und nach Osten davonschwamm. Darüber wurde ein hoher, flockig aufgelockerter Wolkenhimmel sichtbar. Die Sonne suchte nach Schlupflöchern, um hindurchzublinzeln, doch die Wolken verstanden es mit viel List, sich stets so zu verschieben, daß die Sonne nicht zum Zuge kam. Das alte Lied.

Drunten im engen Wiesengrund zwischen den hohen Tannenwänden stellte sich das Klösterchen der seligen Luitgard quer und ließ Bach und Talsträßchen nur durch einen Torbogen schlüpfen. Die Barockkirche war frisch verputzt, und vom Gottesacker leuchtete als fröhlicher Farbtupfer der Blumenschmuck der Gräber. Wieder grüßte Hansjakob.

Ein Stückchen Talstraße bis zur Einmündung des Witticher Tals in die enge Furche der Kleinen Kinzig, dann ging es drüben wieder in den Wald und steil bergauf zur Sattellege. Die alte Landesgrenze, die einst über den Sattel lief, hatte sich auf den Wald nicht ausgewirkt, es war hüben und drüben der gleiche schöne Tannenmischwald. Einmal ging der Blick zwischen hochragenden

Kiefernüberhältern hindurch auf die dunklen Bergrücken, die sich um das Tal der Großen Kinzig wie Tiere zur Tränke drängten.

Während ich genießerisch durch den Alpirsbacher Stadtwald wanderte, fiel mir auf einmal ein, daß ich in diesen drei Tagen nichts vom »Tannensterben« bemerkt hatte. Ob nun im Reich der Weißtanne zwischen Gengenbach und Alpirsbach der Wald noch gesund war, oder ob ich vor lauter Weißtannenbegeisterung nicht kritisch genug in die Tannendolden gespäht, eine schütter werdende Benadelung nicht zur Kenntnis genommen hatte – jedenfalls hatte ich nichts vom Tannensterben bemerkt. Doch hieß das nicht, daß unser Gebiet verschont blieb. Es handelt sich ja nicht um eine der natürlichen Krankheiten oder Katastrophen, wie sie den Wald immer wieder einmal heimsuchen und von denen er sich noch jedesmal erholt hat. Zum erstenmal kann man sich nicht auf die heilende Kraft der Natur, auf ein neu sich einstellendes biologisches Gleichgewicht verlassen, weil zum ersten Mal der Mensch dabei ist, weltweit die Luft, das Wasser, die Erde zu vergiften. Es wird gewiß nicht bei der Tanne bleiben, sie hat nur als erste sauer reagiert; das Tannensterben zeigt umfassendere Schäden an, und wo die Bäume sterben, ist auch der Mensch bedroht. Mit dem Wald steht der letzte Hort der Natur in unserer denaturierten Welt auf dem Spiel. Hier ist der Forstmann mit seiner Kunst am Ende, jetzt muß das Volk seinen Wald schützen und dafür sorgen, daß die Verantwortlichen in Politik und Wirtschaft wirksame Gegenmaßnahmen treffen.

Alpirsbach tauchte auf, der Turm der alten Klosterkirche und der Schornstein der Bierbrauerei. Lange war ich nicht mehr in Alpirsbach gewesen. Nun hatte ich zwei Stunden Zeit, bis mein Zug fuhr. Selbstverständlich suchte ich den ehrwürdigen Kreuzgang auf. Dann setzte ich mich in der dämmerigen Kirchenhalle auf einen Stuhl. Lange vergessene Erinnerungen kamen Stück um Stück hervor, die Jugendfreunde und die Abenteuer meiner ersten »Fahrt« wurden lebendig, nach sechzig Jahren; wir wanderten damals ja nicht wie beim Schulausflug oder mit den Eltern oder im Schwarzwaldverein – wir »gingen auf Fahrt«, und das war etwas ganz anderes! Auf Fahrt geschahen stets unerwartete Dinge und Abenteuer. Am Pfingstsamstagabend kam unsere Schar über Berg und Tal nach Alpirsbach, wir übernachteten in einem Heuschopf, und der lag an einem Feldweg, der sich hinter der Kirche und dem Friedhof den Berg hinauf zog. Mit dem Schlaf war es nicht weit her, weil es um Mitternacht vom Friedhof her vernehmlich geisterte, und als wir am Sonntagmorgen den Pfingstgottesdienst besuchten, kämpfte ich in meiner Bank einen verzweifelten Kampf gegen den ersten Kirchenschlaf meines Lebens. Erst beim Lied nach der Predigt wachte ich auf. –

Mir wurde kühl in der hohen steinernen Halle, und es zog mich zum Feldweg hinter der Kirche. Ich suchte den Friedhof und den Heuschopf. Doch der Feldweg war zu einer Straße ausgebaut, den Friedhof hatte man zum Kurpark umgewandelt, und wo der Heuschopf gestanden war, reihten sich jetzt die Villen.

Nicht nur dies hat sich geändert in den sechzig Jahren. Aber der Wald wächst und die Tanne grünt, heute wie ehedem und hoffentlich auch morgen.

Winterwandern
November 1981 – März 1982

Endlich wieder einmal ein rechter Winter! Tage- und nächtelang schüttete es den Schnee herunter. Es hurnigelte, taute und schneite von neuem, es stürmte und wehte, es regnete und gefror. Der alte Schnee setzte sich und verharschte, und neuer legte sich Schicht auf Schicht, siebenmal dies alles, wie es sich für einen Schwarzwaldwinter gehört. Mein Wintersport fand vor allem in Form von Schneeschaufeln statt. Den Laufgraben zwischen Haustür und Straße offenzuhalten, war mein tägliches Geschäft; er wurde immer tiefer, die Schneeberge wuchsen immer höher, das Häusle, eine dicke weiße Kappe auf dem Dach und lange Eiszapfen an den Traufen, verschwand fast hinter dem Schneegebirge.

Natürlich blieb für einen Ruheständler immer noch genug Zeit, nach Herzenslust winterzuwandern. Bloß, Elses gebrochener Knöchel war zwar verheilt, doch sie getraute sich nicht mehr auf die Skier, und so drehten wir unsere nachmittäglichen Runden zu Fuß auf gebahnten oder gewalzten Wegen und manchmal auch über die hartgefrorenen Harschflächen hinweg und hatten auch so miteinander unsere Freude am rechten Winter. So lernte ich denn auf meine alten Tage, daß man auch ohne Skier winterwandern kann. Es mußten nicht unbedingt weite Wege sein; schon in zwei oder drei Stunden konnte man so viel erleben, daß es für einen ganzen Tag reichte. Sommerwandern führt mit Vorliebe in unbekannte oder doch weniger bekannte Gebiete, mein Winterwandern dagegen beschränkte sich zumeist auf die Umgebung des Dorfes; die Landschaft ist mir vertraut, ich kenne aus vielen Jahren fast jeden Baum; es fehlte daher das Überraschende, das ja den Reiz des Sommerwanderns ausmacht. Dafür beschenkten mich meine winterlichen Streifzüge reichlich mit Erinnerungen und stillen Zwiesprachen. Der Winterwanderer schaut und lauscht mehr nach innen.

Ob man nun solchen Streifzügen noch den Rang von Wanderungen zuerkennen will oder nicht – jedenfalls haben sie sich in meinem Wandertagebuch niedergeschlagen.

13. 11.

Schon in der Nacht hatte ich es im Kähner gluttern hören, ich zog die Decke über die Ohren und kehrte mich zur Wand. Es hat nichts geholfen, und gegen Morgen ist mit Donnergepolter der Schnee vom Dach gerutscht.

Als ich vors Haus trat, rieselte es eindringlich. Der Schnee lag wadentief und war wie nasse Watte, und die Luft schmeckte räß nach Nebel. Ich versuchte es mit den Skiern, doch sie glitten nicht; nach einigen Schritten gab ich es auf und ließ sie daheim.

Unter dem rußiggrauen Himmel stapfte ich den Hang hinauf. Die Schneefläche dunstete, und droben der Fichtentrauf verlor sich im Nebel. Ich trat in den Nebelwald ein, langweilig standen die tausend schwarzen Schäfte im bleichen Schnee, und nie starrten sie freudloser als im Nebel. Es war wie eine Erlösung, als auf der Höhe lichter Mischwald die Fichtenbestände ablöste. Es rieselte noch immer. Über die Flechtenbärte der alten Tannen sickerten die Tropfen, und die glatthäutigen Buchenstämme standen naß überronnen. Der Nebel stockte dünn und niedrig überm Schnee.

Eine Fußspur lief durchs hohe Holz, sie war verschneit und verweht und endete in einem Holzschlag. Ein Gewirr von frisch gefällten Bäumen und gekappten Ästen lag unter der Decke oder stach aus ihr hervor; mitten in der Arbeit mochte der Neuschnee die Waldarbeiter vertrieben haben. Ein rechter Schwarzwälder geht nicht mehr in den Wald, wenn der Schnee über die Schuhe reicht; daheim gibt es für ein paar Wochen genug zu tun, und auch das Ofenhocken und Pfeifenrauchen, das Schnäfeln und Sinnieren hat seine Zeit.

Ich stieg durch den Verhack und stapfte weiter durchs Altholz zum Dillengrat. Die Bäume traten auseinander, ein Felsenbalkon wuchs aus dem Hang. Draußen tat sich der Abgrund des Simonswäldertals auf, und von rechts und links drängten sich ungeschlachte, düstere Berggestalten herzu. Ihre Schneerücken scheuerten sie an der niedrigen, schweren Wolkendecke, und in den Flanken hingen Schneefetzen, die sich im halben Hang verloren. Tief zu ihren Füßen streckte sich schneelos und dunkel der Grund des Tales.

Ein grauer, feuchter Nebelwurm kroch träge das Tal herauf. Er änderte ständig seine Gestalt, bald war er lang und dünn, bald kurz und dick. Auf unheimliche Weise schwoll er an und füllte den Talgrund. Er verschlang die Höfe der Reihe nach und weidete die Waldränder ab. Eine Weile lag er breit und faul mit gedunsenem Bauch und verdaute, dann wälzte und wand er sich, als ob ihn das Grimmen überkäme, und ringelte sich zu einem wüsten Knäuel. Mit einem Mal zerriß ihn eine lautlose Explosion, und die Fetzen flogen bis zu mir herauf.

Die Schwaden dehnten sich und wuchsen ins Ungeheuerliche, sie füllten das ganze Tal und die Berge. Wie Rauch trieben sie an mir vorüber, und zwischen ihnen dunkelten zuweilen fern und flüchtig die Wälder, dämmerten die Schneefelder der Höhen. Die Schwaden flossen zu einer grauen Masse zusammen, die unaufhaltsam gegen mich heraufstieg.

Ich wußte wohl, was da gespielt werden sollte. Mich fröstelte. Aber solang ich den Fels unter mir und die Stämme des Hochwaldes im Rücken hatte, konnte mir das Teufelszeug nichts anhaben. Luftgespinste, sonst nichts! – Ich wandte mich um und erschrak. Zwischen den Stämmen quollen die bleichen Bodennebel hervor, am Rande des Altholzes sammelten sie sich zu einem Wulst, einer drohenden Wächte. Nun setzte sie sich wie auf ein Zeichen in Bewegung und rollte wie eine Lawine den Hang herab auf mich zu. Die Bäume verschwanden, nur der Stein war noch da, an den ich mich lehnte; ich hielt ihn mit beiden Händen fest, ich trieb auf ihm wie auf einer Scholle mitten im grauen Nichts.

Schluß mit dem Spuk! Ich ließ meinen Stein fahren und stapfte den Hang hinauf, in den Nebel hinein. Die Schatten von Bäumen tauchten auf, ich stapfte zwischen ihnen hindurch und ging in meiner Spur zurück. Manche von den Fußstapfen hatten sich mit Nässe gefüllt, in andern lag ein geheimnisvoll blaues Licht, und sicher führten sie mich durch den Nebelwald heimwärts.

25. 1.

Gestern morgen war der Himmel mit schmutzigen Tüchern verhängt. Schwer lagen sie auf den Höhen und verdüsterten die Welt. Gegen Mittag waren wir in der freudlosen Trübe versunken, die Wälder waren nicht mehr da, die Täler und Wiesen nicht mehr. Noch vor Abend begann es aus dem Nebel heraus zu schneien. Es schneite die ganze Nacht, und heute morgen lag eine dicke weiße Decke auf Dächern und Matten und Wäldern, der Vorwind beißt und der Schnee stäubt.

Ein Schneehimmel, schwarz geballt und weiß durchschienen, wälzt sich von Osten über die Höhen und treibt niedrig über das Dorf ins Land hinunter. Zuweilen schimmert Blau durch, und ein Sonnenstrahl findet den Weg zum Dorf, ein schmaler Strahl nur, aber kräftig genug, das Gewölk aufzureißen. Der Himmel putzt sich, die Welt beginnt zu leuchten. Zwar weht immer wieder einmal eine Wolke aus der Wildgutach herauf, doch die Sonne läßt nicht locker, und wenn sie auch nicht mit einem Streich zu siegen vermag, so richtet sie doch ihre Zeichen auf, da und dort. Das ist ein Wetter, wie ich es liebe, ein Wetter, bei dem etwas geschieht!

Ich lasse alles liegen und stehen, die Skier warten schon ungeduldig vor der Tür in der Kälte. Sie ziehen mit mir los – wohin? Auf den Kapfenberg natürlich!

Ich bin der erste Mensch, der seine Spur in den Pulverschnee zeichnet. Während ich über den freien Hang hinauf spure, füllt ein Meer grauen, weißen, silbernen Gewölks die weiten Räume, ohne Grenzen zwischen Erde und Himmel. Ein unsichtbarer Finger zeichnet Linien in das Gewölk, Bergrücken und Tannenkämme treten hervor, unerwartet nah und groß, und lassen eine ungeheuere Welt ahnen.

Auf dem Kapfenberg stehe ich über den freien Hängen in der Sonne, und um mich ist ein gleißendes Gewühl. Da und dort verflüchtigt es sich zu lichten Schleiern, und besonnte Flächen und märchenhaft weiße Wälder schimmern hindurch. Ich stehe und warte freudig auf die große Enthüllung; ich rätsele, vermute und hoffe. Doch bevor meine Erwartungen sich erfüllen, hüllt sich alles wieder in weißen Glast.

Als fürs erste nichts mehr zu erwarten ist, gleite ich weiter. Der Hohlweg durch den Wald zum Gschwanderdobel hinunter verspricht heute bei Tiefschnee eine gemütliche Altherrenabfahrt. Ich tauche in den Schatten des Winterwaldes und in einen dünnen, kalten Nebel, der in der Hochmulde der Hirschmatten steht. Ich gerate in eine Welt, die ohne Licht und Farbe ist. Es gibt nur Linien und Flächen in totem Weiß und Grau.

Jenseits der Mulde geht es plötzlich wie ein Aufleuchten durch den Winterwald. Es funkelt und glitzert, Schatten blauen, die rote Brust eines Gimpels schimmert auf, und ein silbernes Wölkchen stäubt vom aufschnellenden Zweig. Die jungen Tannen unter ihren Schneelasten, die vorhin wie eine Herde erstarrter Fabelwesen und Dämonen beieinanderhockten, mit bösen Vogelköpfen und geschwollenen Drachenleibern, entpuppen sich jetzt als harmlose, zu allerlei Schabernack aufgelegte Gesellschaft. Ich streife zwischen ihnen umher und höre ihr lautloses Kichern. Einem alten

Schneeweiß klopfe ich mit dem Skistock auf den unförmigen Schnitzbuckel – und wie von einem Zauberstab berührt fällt er ab, und ein schlankes Tannenfräulein springt lachend auf.

Eine Wolke wischt die Sonne und mit ihr alle Wärme und allen Glanz hinweg, der Wald erstarrt augenblicklich wieder in Frost und Dunkel. Neugierig, was für Überraschungen mir der Tag noch beschert, ziehe ich meine Runde durch den Hochwald, laufe in eine dicke Nebelwand hinein, tauche unversehens daraus hervor und stehe bei den Schönen Höfen in der klarsten, besonnten Landschaft. Nun weiß ich doch einigermaßen Bescheid über die Gesetze, nach denen Wolken und Nebel sich bilden und auflösen, und trotzdem bleibt mir das Spiel der Sonne und des Windes mit Nebeln und Wolken stets rätselhaft und wunderbar, und die erregendsten Schauspiele werden wohl immer im Wolkentheater aufgeführt – Sondervorstellungen für mich.

Gegen Mittag trete ich bei der Hohrütti aus dem Wald und komme gerade dazu, wie einer mit machtvoller Gebärde das Gewölk wegschiebt, einfach beiseite schiebt. Die Fichten und Tannen des Traufes ragen wie Erzengel in funkelnder Silberrüstung vor dem Himmelsblau. Mit meinen Füßen stehe ich am Gestade eines weißglänzenden, wallenden Meeres, aus dem drüben in blausilbernem Dunst der Feldberg, der Hochfahrn, der Schauinsland aufsteigen. Schier verfalle ich der Lockung, hinüberzuwandeln und zu versuchen, ob die Fläche mich trage wie weiland den Jünger des Herrn. Nach rechts sinkt das Vorgebirge des Schauinslands in großen Stufen unter die schimmernde Flut, die sich bis zur fernen blauen Vogesenküste dehnt. Da und dort, wo die Stadt Freiburg auf dem Meeresgrund schläft, scheinen gefährliche Riffe unter der Fläche zu lauern, zuweilen brandet und schäumt eine silberne Woge auf, verweht langsam und legt sich wieder.

Als ich am Kapfenberg meinen Kreis schließe, wird beim Dorf unter mir ein anderes Spiel aufgeführt. Da wogt ein Kampf hin und her, er geht offensichtlich um das Dorf und die Kirche. Während die Hauptmacht des Nebels sich langsam durch die Wagensteig ins Dreisamtal zurückzieht, hat sich eine graue Wolke noch zwischen den Häusern eingenistet und kämpft ein verzweifeltes Rückzugsgefecht. Doch sie mag sich wehren, wie sie will – die große Entscheidung fällt ganz woanders und ist schon gefallen. Sieghaft stoßen die Turmhauben aus dem Qualm und erglänzen im Sonnenlicht, zweifellos das Signal für den Vorwind, zu guter Letzt noch dazwischenzufahren und das Schlachtfeld zu säubern. Da fliehen sie, die letzten Nachhuten, panikartig das Tal hinab.

War das etwa nicht ein Schauspiel, erregend und erhebend und einer tieferen Bedeutung nicht entbehrend? Doch was soll ich bloß mit dem Schwabennebel anfangen, der bisher wie eine Wand hinter der Weißtannenhöhe stand? Zähflüssig setzt er sich in Bewegung und wahlt über die Wasserscheide der Breitnauer Höhen. Die Weißtannenhöhe hat er schon verschluckt. Er will mich wohl aus dem Konzept bringen. Nun kriecht er unheimlich drohend auf den Feldberg zu, bäumt sich hoch auf, erhebt die Tatzen zu tödlicher Umarmung – und legt sich als harmloser, dicker Schoßhund zu des Berges Füßen. Da bleibt er liegen, und ich warte umsonst auf eine Lösung mit tieferer Bedeutung.

7. 3.

Noch steht der Nachtfrost als dünner Hauch im schattigen Grund des Sägendobels. Auf den Matten am Bach liegt Reif. Trotzdem hängen die Haselhürste schon voll gelber Blütenwürstchen. Auf der Winterseite lecken lange Schneezungen tief ins Tal, doch die Sommerhalde zur Brandeck hinauf ist schneefrei, und warm scheint auf ihr die Sonne. Nichts als hinauf! Im häldigen Berg nistet da und dort auf alten Lessteinhaufen Birkengehölz, dessen Stämmchen silberweiß gegen den blauen Himmel stehen.

Der breitgewölbte Rücken der Brandeck hat seine nackte Flanke nach Süden, zur Mittagssonne, gerichtet. Der Wasen ist vergilbt und verfilzt, von Schnee ist nichts mehr zu sehen. In einem Fohrenwäldchen hat der Winter bös gehaust, doch der Besitzer hat die warmen Februartage genutzt und das Bruchholz aufgearbeitet; Harzduft begleitet mich ein Weilchen. Jetzt zeigen sich in schattigen Winkeln die ersten schmutzigen Schneefetzen, und je höher ich steige, um so gesprenkelter wird der Berg. Die Schneeflecken dehnen und strecken sich, das apere Feld schrumpft zusammen. Da und dort in den Gummen, an der Grenze zwischen verwaschenem Braun und strahlendem Weiß, sonnen sich grauverwitterte Berghäusle, man kann sie wohlig vor sich hin schnurren hören wie Katzen auf der Ofenbank.

Jetzt wird der Blick nach Süden frei, Höhen hinter Höhen breiten sich aus und weisen ihre winterseitigen Schneehalden und dunklen Fichtenfirste her. Über allem funkelt der Feldberg mit

märchenblauen Schatten unter den Wächten der Nordabstürze. Aus dem Tiefland stehlen sich bleiche Nebel die Täler herauf ins Gebirge hinein.

Hart oberhalb der Häusle beginnt das weite Weidfeld, und erstaunlich genau mit der Tausendmeterlinie schließt sich mit einem Mal die Schneedecke zu einem dicken, hartgebackenen Polster. Da und dort unterbrechen Buchenwäldchen und Fichtenschachen die weißen Flächen, natürlich ist der Schnee längst von den Bäumen verschwunden, die Buchen stehen kahl, die Fichten in dunklem Grün. Daheim schüttelten sie den Kopf, als sie hörten, daß ich vom Sägendobel auf den Kandel laufen wolle. Im Winter zu Fuß auf den Kandel, jetzt wo man im Schwarzwald Ski lief! Dazu auch noch vom Sägendobel aus, wo man es von St. Märgen aus soviel bequemer haben kann! Gewiß, ich ziehe gern mit den Ski los, doch muß es nicht unbedingt auf bockelhartem Firn sein. Der St. Märgener Winter ist lang, und ich kann es mir leisten, zum Skilaufen den schönsten Schnee, den strahlendsten Sonnentag auszusuchen. Jetzt jedenfalls gelüstet es mich, aus dem Schattenloch des Sägendobels über die blutte Brust der Brandeck auf den blanken Scheitel des Kandels zu steigen und über die rauhgefrorenen Flächen querfeldein zu laufen.

Die Sonne wärmt mir den Buckel. Der Harsch knirscht unter den Sohlen. Selten nur hat ihn eine Skispur gekratzt oder ist in ihn eingeschnitten. Doch sieh, da sind Fußspuren, da ist einer vor mir gegangen, auch so ein Genießer. Es muß aber schon ein paar Tage her sein, und es ist wohl um die Mittagszeit gewesen, als der Fuß schon ein wenig einsank.

Den Fichtenschachen gehe ich aus dem Weg. Das Wipfeldach mildert nachts den Frost, und die Schneedecke ist weich. Aus der blendenden Helle des Feldes tritt man in den Wald wie in einen finsteren Schuppen. Der Schnee ist mit einer Schicht Fichtennadeln, Rindenbrösel und Flechtenfäden bedeckt, und in der Dämmerung liegen die schwarzen Klumpen der vom Schnee abgebrochenen Wipfel, es sieht aus wie auf einem Schlachtfeld.

Lieber steige ich durch die durchsonnten Buchenwälder und vergnüge mich am verwirrenden Spiel der senkrechten seidenglatten Schäfte und ihren wagrechten Schatten. Um den Fuß der Stämme hat die Wärme lebenden Holzes tiefe Trichter ausgeschmolzen, deren Grund bis zur dürren Laubstreu hinunterreicht. Auf dem Firn hat der Wind die leeren stacheligen Fruchtbecherchen ausgestreut. Die Bucheckern sind längst ausgefallen, sie liegen unterm Schnee und warten aufs Frühjahr.

Zuhöchst auf der Gummenweide zeigen sich die ersten Menschen. Die sind mit dem Auto auf den Kandel gefahren. Da rudert einer in der Loipe, die Spur ist vereist und macht ihm Mühe. Ein Pärchen scheint abzuwarten, bis die Märzensonne den Firn aufgeweicht hat, und hat sich einstweilen in einem windstillen Winkel mit öltriefenden Gesichtern in die Sonne gelegt. Eine junge Familie kommt wie ich zu Fuß, die Mutti zieht eines der Kinder auf dem Schlitten hinter sich her, das andere steckt in Vaters Rucksack. An Werktagvormittagen ist es auf dem Kandel noch erfreulich still.

Durch den schmalen Kranz kurzschäftiger krummer Buchen, der sich um die Schläfen des alten Herrn legt, steige ich dem Berg vollends auf die Glatze. Zuerst ärgere ich mich über Zäune und fünferlei Hinweis- und Warnungstafeln, mit denen man den freien Gipfel verziert hat, doch der zertrampelte Schnee zeigt mir, daß diese Vorrichtungen vielleicht doch angebracht sind beim Ansturm sonnenhungriger Städter, die am Nachmittag wieder zu erwarten sind. Als Wanderer kommt man sich auf dem Kandel schon fast fehl am Platze vor.

Bei der Rundschau von der Gipfelpyramide ist der Ärger vollends verflogen. Mittagsdunst verbirgt Alpen und Schwäbische Alb. Die Vulkaninsel des Kaiserstuhls ist im Nebelmeer der Rheinebene versunken. Nur die Vogesen sind jenseits der Ebene zart an den westlichen Horizont gezeichnet. Aus den Tälern ist der Nebel inzwischen ins Gebirge emporgestiegen, auch den Sägendobel füllt er schon. Er quillt über die Kämme wie überkochender Brei und läßt von den Höhen zwischen Glotter- und Dreisamtal eben noch feingezackte Waldgräte frei. Doch über alles hebt der Feldberg seinen gebuckelten Silberschild.

Auch die Hochfläche von St. Peter und St. Märgen ist aus dem Grau herausgehoben, fast ganz schneefrei St. Peter, dahinter noch in schimmerndem Weiß St. Märgen. Im wohltuend ausgewogenen Wechsel von Wald und Feld und Höfen glaube ich noch etwas vom Segen klösterlicher Vergangenheit zu spüren – Herrgottswinkel des Schwarzwalds. Das hat wohl damit zu tun, daß hier, im Geltungsbereich des »Bete und arbeite!«, das Wort *Kultur* seine ursprünglich doppelte Bedeutung als Pflege sowohl der Erde wie auch des Geistes behalten hat. Daß Arbeit und Freude meiner besten Jahre diesem Herrgottswinkel gehören durfte, war ein beglückendes Geschenk und ist es noch. Jedesmal, wenn ich vom Kandelhöchsten meinen alten Forstbezirk überblicke, erinnert mich am Fuß der Pyramide die Gedenktafel der Gebirgsjäger, daß es für unsereinen nicht selbstverständlich ist, zu den Überlebenden zu gehören.

Zur Mittagsrast steige ich durch den Wald zu dem Felsschrofen hinab, der aus der steilen Südflanke des Berges hervorbricht. Hier ist mein Lieblingsplatz, selten kommt jemand vorbei. Auf der ausgeaperten Bank mache ich es mir bequem. Unter mir wogt das Nebelmeer. Ich schließe die Augen, die Sonne streichelt mir übers Gesicht, ein mildes Lüftchen krault mir den Nacken. In den Fichtenwipfeln schnärren die Krammetsvögel.

Am Nachmittag mache ich mich an den Abstieg über die wunderbar schräge Ebene der Gummenweide. An der Südwand der verschlossenen Jungviehhütte haben sich Sonnenanbeter niedergelassen, möge es ihnen gut tun. Über den weißen Flächen flimmert die Luft. Der Schnee ist weich geworden, ich lasse mich einfach in meine Tapper hineinfallen und breche mitunter bis übers Knie ein – wie wär's, Alter, jetzt mit einem Paar Ski? Doch bevor das Stapfen beschwerlich wird, ist die weiße Pracht zu Ende. Ich laufe wieder durch welkes Gras und bald auch über Matten, auf denen frischer Mist gezettelt ist. Unterm blauen Himmel zirkeln Bussarde ihre Kreise. In den Mulden rieselt und rinnt es, und buntgrüne Flecken leuchten aus dem vergilbten Wasen.

Dann gerate ich zwischen die stolzen Höfe des Zinkens Rohr, der zur Gemeinde St. Peter gehört. Die Höfe waren schon da, als vor neunhundert Jahren das Kloster im wilden Gebirge gegründet wurde, und man meint ihnen das Selbstbewußtsein ihrer Bauern anzumerken. Auf der Hausmatte eines der Höfe weidet ein Trupp Schafe mit ganz jungen Lämmern. Will es am Ende Frühjahr werden?

Die alten Wälderbauern sind gegen solche Regungen mißtrauisch. Wir werden es noch einmal zu büßen haben, sagen sie, um frühjährliche Ungeduld zu dämpfen. Winter auf dem Wald – ich werde es wohl nie lernen.

Auf dem Weitwanderweg durch die Nordvogesen

2. – 11. Mai 1982

Sonntag, 2. 5.

Drei Mann hoch wollen wir auf dem Vogesen-Weitwanderweg, der »Grande Randonnée 53«, wandern, zehn Tage von Weißenburg (Wissembourg) einstweilen bis Barr: Gerhard, der bewährte Wanderkamerad, und Otto, einer seiner Freunde, den ich nicht kenne, der aber einen zuverlässigen Eindruck macht. Alle drei sind wir, was man heutzutage so rücksichtsvoll Senioren nennt.

Ottos Schwiegersohn bringt uns mit dem Wagen über Karlsruhe nach Weißenburg, doch an der Grenze kurz vor der Stadt läßt ihn der französische Zöllner nicht durch, weil sein Personalausweis abgelaufen ist. Also wird unser Marsch eine halbe Stunde länger als geplant. Wir nehmen die Rucksäcke auf, die, bei aller Beschränkung auf das Nötigste, halt doch wieder ihre zehn Kilo haben, und wandern auf der Nationalstraße nach Weißenburg hinein.

Die kleine Stadt mit der großen Vergangenheit ist mir bekannt. Hier hat vor 1100 Jahren der Mönch Otfried den »Krist«, Vorläufer des altsächsischen »Heliand«, in althochdeutscher Sprache verfaßt. Denkwürdiger, wenigstens für mich, ist Weißenburg dadurch, daß ich es im Mai 1940 erobern half. Heute möchte ich meinen Kumpeln das gotische Münster zeigen, das mir damals großen Eindruck machte. Doch wegen des Sonntagsgottesdienstes versagen wir uns den Besuch und schlagen dafür einen Haken durch die Winkel der Altstadt, in deren Bauten seit dem 18. Jahrhundert Deutsches und Französisches sich mischen, ohne sich zu beißen. Im Jahr 1940 fanden wir die Straßenschilder noch zweisprachig. Das ist jetzt offensichtlich vorbei.

Der rote Strich, unser Wegzeichen, führt aus der Stadt durch die blühenden Wiesen und Obstbäume des Geisbergs. Im Frühjahr 1940, als man zwischen Westwall und Maginotlinie den Krieg noch nicht ganz ernst nahm, bin ich hier, genau an diesem Straßenknie, wie bei einem Geländespiel am heiterhellen Tag mit einem Spähtrupp in die französischen Stellungen geschlichen – ein Mordsspaß. Blutiger ist es da im Siebzigerkrieg (1870/71) zugegangen; auf der Anhöhe des Geisbergs sind die hochragenden deutschen und französischen Denkmäler zu erkennen. Und neben unserm Feldweg her zieht sich der verwachsene Wall der »Weißenburger Linien«, die im Spanischen Erbfolgekrieg (1701–14) die Franzosen gegen die Österreicher aufgeworfen haben, nachdem sie im Dreißigjährigen Krieg (1618–48) das Elsaß eingesackt hatten. Meinetwegen soll das ewige Hinundhergezerre ein für alle Mal aus und vorbei sein, schließlich gibt es eine Europäische Gemeinschaft; jetzt jedenfalls gedenke ich mit friedlichen Gedanken durchs Elsaß zu wandern.

Aus den sanften Vorhügeln erheben sich steil die bewaldeten Buntsandsteinberge der Nordvogesen. Gleich der erste Buckel, die Scherhol, schwingt sich auf 506 m auf; er bleibt die höchste Erhebung unserer ersten drei Tage. Wir sind noch frisch und unverbraucht, und unser Vergnügen am Kuckucksruf und aufbrechenden Buchenlaub verbindet sich mit der Lust am tüchtigen Ausschreiten. Schon früh am Nachmittag sind wir am Tagesziel, dem Dorf Wingen, das etwas abseits von der GR 53 liegt. Die Einteilung der Tagesstrecken wird nicht so sehr durch die Zahl der Kilometer als durch die nicht gerade häufigen Übernachtungsmöglichkeiten bestimmt.

Wir bummeln durch das sonntäglich menschenleere Dorf. Vor den Kleinbauernhäusern sitzen mächtige Brennholzbeigen; offenbar erhalten die Bürger noch immer nach altdeutschem Brauch ihr Gabholz aus dem Gemeindewald.

In unserem Hotel herrscht Sonntagsnachmittagsbetrieb. Die Musikbox lärmt um die Wette mit der Dorfmusik, deren Clairons vor dem Haus schmettern, als ginge es in die Schlacht. Der Tambourmajor waltet seines Amtes wie ein alter Soldat, was nicht ganz verbergen kann, daß er schon einen leichten Stich hat.

3. 5.

Auf und ab in den weiten Wäldern. Durch die noch lichten Kronen der Buchen und Eichen schimmern dunkle Bergkulissen und ein rasch wechselnder Wolkenhimmel. Unser Weg verläuft heute meist nur wenige hundert Meter von der unsichtbaren Grenze entfernt, hüben im Elsaß und drüben in der Pfalz zeigen sich die gleichen Berge, Täler, Wälder, Felsenburgen und in den schmalen Wiesengründen selten einmal ein paar Häuser. Starker Westwind jagt Sonnenflecken und Wolkenschatten über die Waldhänge, wirbelt den staubfeinen Sand der Wege empor und wirft ihn uns hampfelweise ins Gesicht.

Wanderer kommen rasch dahinter: Die Nordvogesen sind kein Kammgebirge wie die Hochvogesen im Süden. Sie sind ein Haufen mäßig hoher Berge, von Tälern kreuz und quer durchzogen, immer geht es hinauf und hinab. Und da Buntsandsteinböden arm an Nährstoffen sind, tragen sie Wald. Auf den Höhen aber sind aus dem Sandstein allenthalben zerklüftete Felsen herausgewittert, und fast auf jedem nisten die Trümmer von Burgen, die man über Eisenleitern besteigen kann. An diesem Tag heißen sie Löwenstein, Fleckenstein, Freundsburg, Wasigenstein. Bald auf die Klippen gesetzt, bald in sie hineingebaut, Treppen, Gänge und Räume in den Fels gehauen, übertreffen sie einander an Kühnheit. Je bizarrer die Felsgestalten, um so ausgefallener, maßloser scheinen sie die Phantasie der Burgenbauer beflügelt zu haben; der nüchterne Zweck allein kann diese Bauten nicht hervorgebracht haben. Fast alle stammen sie aus der Stauferzeit, als das Elsaß das Kernland des Heiligen Römischen Reiches Deutscher Nation war, und sind Zeugen einer kraftvollen und hochgemuten Welt. Den stärksten Eindruck macht uns der Wasigenstein, eigentlich zwei Burgen auf zwei Felsklötzen, die durch einen klaffenden Spalt getrennt sind. Die Kluft ist der Schauplatz des Walthariliedes, das vor tausend Jahren der St. Gallener Mönch Ekkehard in lateinischer Sprache gedichtet hat.

In Obersteinbach wird übernachtet. Das freundliche Dorf zeigt schöne Fachwerkhäuser, ist überragt von einer Felsenburg und umzingelt von Ferienhäusern, die ganz so aussehen, als gehörten sie Bundesdeutschen. In unserm Gasthaus steht an der Wand der Spruch »Esse un Trinke halte Lib un Seel zamme!«, was mich sehr anheimelt. Weil die jungen Wirtsleute heute Ruhetag haben, betreut uns die Oma. Ich sage zu ihr: »Ich bin schon einmal in Obersteinbach gewesen, doch es war niemand daheim, im Juni 1940.« – Sie erinnert sich; die Bevölkerung im Vorfeld der Maginotlinie war, nicht anders als die am Westwall, zu Kriegsbeginn evakuiert worden. Die Leute von Obersteinbach kamen ins französische »Intérieur«. Ihr Abtransport muß Hals über Kopf erfolgt sein; als wir gegen die Maginotlinie vorrückten, fanden wir in den Häusern auf den zum Mittagessen gedeckten Tischen noch die längst verschimmelten Speisen vor.

4. 5.

Es regnet. Auf meinen Wanderungen habe ich es mir längst abgewöhnt, mich vom Wetterbericht einwickeln zu lassen. Mit einem ganz unfranzösisch reichlichen Frühstück setzen wir uns über das Wetter hinweg, und was wir nicht zwingen, packt uns die gute Oma ein.

Wir spannen die Regenschirme auf und schlagen uns in den Wald nach Süden. Nebelschwaden steigen aus den Wäldern, treiben an den Hängen hin, schwellen und hüllen uns ein. Geisterhaft erscheinen und verschwinden in den ziehenden Nebeln die phantastischen Felsgebilde und Mauerzacken von Alt-Windstein.

Die GR 53 läuft über die Burg, doch vorher biegen wir ab. Hier zogen sich die Befestigungen und Hindernisse der Maginotlinie über Berg und Tal, und nach der Karte suche ich den Abschnitt, wo wir am 19. Juni 1940 durchstießen, und die Stelle, wo für mich der Westfeldzug zu Ende war.

Da ist der Bergsattel. Wo damals eine grausam breite, abgeholzte und verdrahtete Schneise durch den Wald klaffte, wächst jetzt ein dreißigjähriger struppiger Kiefernbestand. Im Dickicht finde ich zwischen Resten verrosteten Stacheldrahts das Werk 776 mit den Panzerkuppeln a und b – erstere war die »meine«. Jetzt spazieren drei alte Krieger um den Betonklotz und unterhalten sich über die Taktik des Angriffs. Wie anfängerhaft, wie schrecklich ahnungslos sind wir in das Abenteuer gelaufen! Zu unserm Glück war die Maginotlinie nur noch schwach besetzt. Der Westfeldzug war ja nur ein Kriegle im Vergleich zu dem, was noch alles folgte! Heute morgen beim Aufbruch fiel mein Blick auf die neueste Nummer der deutschsprachigen »Dernières Nouvelles d'Alsace«: Bei den Falklandinseln hat Argentinien einen britischen Zerstörer versenkt. Der Wahnsinn hört nicht auf.

Wir steigen ins Tal von Windstein hinab, wo ich die Panzerkuppel jenes Nachbarwerkes suche, dessen Maschinengewehre beim Angriff zum Werk 776 hinaufflankierten. Heute verbirgt sie sich schamhaft hinter einem Ferienhäuschen, doch das taktisch geschulte Auge weiß, wo es sie zu suchen hat. Wir folgen dem Wiesentälchen hinab ins Wineckertal und steigen drüben, noch immer an Überresten der tiefgestaffelten Maginotlinie vorbei, zur Höhe. Es regnet ausdauernd. Auf einer überdeckten Jagdkanzel machen wir Mittag, mit Sicht auf eine Wildschweinsuhle.

Und weiter durch den Wald, abseits der GR 53, geht es Niederbronn zu, ich habe da noch etwas zu besorgen. Als der Wald aufhört, stehen wir vor dem Soldatenfriedhof, auf dem die fünfzehntausend deutschen Toten aus dem Unterelsaß zusammengelegt sind. Ich suche die Gräber der Kameraden. Da liegen sie in Reih und Glied, sehr ordentlich und würdig, viel schöner, als damals der Volltreffer sie um mich herum durcheinanderwarf: der Röderer, der Beisser, der Lüber. Zwischen ihnen bin ich mit einem Splitter im Bein davongekommen.

In Bad Niederbronn (Niederbronn-les-Bains) müssen wir mit einem behelfsmäßigen, selbst für anspruchslose Wanderer sehr behelfsmäßigen Quartier vorlieb nehmen, weil die Hotels und Gasthäuser lieber Kurgäste beherbergen und auf übernachtende Wanderer keinen Wert legen. Doch ist das nicht der Grund, weshalb ich Niederbronn als den gesichtslosesten aller elsässischen Orte empfinde, trotz Bad und Casino.

Hier stößt als Vierter noch einer von Gerhards Freunden zu uns, Rudolf, ein Mann aus Siebenbürgen. Wir kennen uns nicht, ich verlasse mich da auf Gerhard. Rudolf macht nicht viele Worte, und ich habe den Eindruck, daß wir uns vertragen werden.

Am Abend treffen wir uns in einem gemütlichen Winstüwel mit dem in Niederbronn wohnenden Herrn Zengerlé vom Vogesenklub, und es gibt eine lebhafte und freundschaftliche Unterhaltung. Er hat ein Lob verdient für den von ihm bearbeiteten deutschsprachigen Führer des Vogesen-Weitwanderweges, der sich bisher als hilfreich und zuverlässig erwiesen hat.

5. 5.

Regen wie gehabt. Wir zögern den Aufbruch so weit wie möglich hinaus. Unser vierter Mann kauft sich noch rasch einen Regenschirm.

Von Niederbronn schlägt die GR 53 einen Bogen nach Westen, denn das sanfte Gehügel der Ebene dringt in einer weiten Bucht mit Fluren und Dörfern tief ins Gebirge ein. Wo die Waldberge bis auf wenige Kilometer Breite eingeschnürt sind, liegt an ihrem Fuß die Stadt Zabern (Saverne), heute unser Tagesziel.

Bis Zabern steht uns ein langer Marsch bevor. Durch den triefenden Wald geht es hinauf. Wieder die eine und die andere Burgruine – Wasenburg, Groß Arnsburg –, denen bei diesem Wetter nur gedämpfte Aufmerksamkeit geschenkt wird. Mehr Beachtung finden auf der Höhe

Felsblöcke mit keltischen »Stampflöchern«, kreisrund ausgehauene Vertiefungen, in denen Opfer dargebracht worden sein können. In die Buchenwälder sind Eichen und Kiefern, Tannen und Fichten bunt eingesprengt. Ein Kahlschlag läßt durch die Schleier von Nebel und Regen draußen die Dörfer der Rheinebene erkennen. Im Gebirge herrscht ein unabsehbares Gedränge walddunkler Köpfe und Rücken. In einem Wiesengrund stoßen wir auf die einzigen menschlichen Siedlungen: einige Ferienhäuschen, eine frühere, zum Gasthaus umgebaute Mühle und ein einsames Försterhaus. Hierzulande wohnen die Förster weitab von Ortschaften im Wald, was in der Bundesrepublik nur noch in Märchen, Liedern und Heimatfilmen vorkommt.

Der Regen hat aufgehört, und als der große Wald sich öffnet, erhebt sich auf hohem Bergrükken das Dorf Lichtenberg. Es wird von der Stammburg der einst mächtigen Grafen von Lichtenberg überragt; Ludwig XIV. ließ sie später zur Festung ausbauen, und noch im Siebzigerkrieg ist sie von württembergischen Truppen belagert worden. Wir sind ein bißchen burgenmüde und verzichten darauf, zur Schloßruine hinaufzusteigen, doch gedenke ich, schon aus Lokalpatriotismus, der schönen Bärbel von Ottenheim bei Lahr, der Magd, die Graf Jakob der Bärtige zu seiner Geliebten machte und als Schaffnerin über das Schloß setzte, die unter bürgerlichem Druck eingekerkert wurde und sich erhängte. Und ich denke an den Hanau-Lichtenbergischen Stabstrompeter Philipp Jakob Meurer, um 1680 einer meiner Vorfahren. Lahr war in den Kriegen des 17. Jahrhunderts verwüstet und entvölkert, und danach kamen wie bei jedem echten Lahrer auch meine Vorfahren aus dem Schwäbischen, dem Elsaß und der Schweiz, bauten und füllten die Stadt wieder auf. – Im Dorf fallen mir die vielen neuen Häuser auf; meine Vermutung, es sei gegen Ende des letzten Krieges zerstört worden, wird am Abend bestätigt.

In Wimmenau, einem Dorf im Tal der Moder und an der Bahnlinie Hagenau–Saargemünd, finden wir Quartier bei einer Witwe, Mutter von sechs Kindern, und fast wie eine Mutter sorgt sie auch für ihre Wanderer. Nach einem wunderbaren, reichlichen Abendessen – Hors d'œuvres, Hähnchen mit Grumbirebrägel und grünem Salat, Kaffee mit Kirsch – setzt sie sich zu uns. Auf mein Lohrerditsch, das dem Elsässerditsch doch stark ähnelt, geht sie nicht ein; sie spricht hochdeutsch. Man hat den Eindruck, die älteren Leute im Unterelsaß freuen sich, mit uns deutsch, sogar hochdeutsch zu sprechen und zu zeigen, daß sie es noch können. Nur daß die Jungen das

Hochdeutsche mehr und mehr verlernen, bekümmert auch sie. Was sollen wir dazu sagen? Wir »Schwowe« sind im Elsaß schlechte Ratgeber und müssen die Elsässer ihre Probleme selber lösen lassen. Neuerdings scheint sich denn auch elsässisches Selbstbewußtsein zu regen; man erkennt, daß das Elsaß seiner Brückenfunktion nur gerecht werden kann, wenn es seine kulturelle Eigenständigkeit wahrt. Dazu gehört die Anerkennung der Zweisprachigkeit und der angestammten alemannischen Mundart.

Das Elsaß als selbstbewußter Mittler zwischen zwei benachbarten Völkern und Kulturen – schön wär's.

Um so mehr ärgert es mich, wenn Bundesdeutsche unter sich vom Sulzer Belchen als Grand Ballon und von Weißenburg als Wissembourg kauderwelschen. Daß ich die französischen Formen der elsässischen Ortsnamen kenne und verwende, wenn ich mit Französischsprechenden rede, versteht sich von selbst. Gebraucht man sie jedoch unter Deutschsprachigen, so empfinde ich das als gedankenlos oder wichtigtuerisch.

6. 5.

Das Frühstück fällt wieder so gut und reichlich aus, daß ich die Hoffnung fast aufgebe, bei dieser Wanderung ein paar Kilo Winterspeck loszuwerden.

Der Morgennebel, der das Land einhüllt, löst sich bald auf, und die Buchenwälder leuchten prächtig in der Sonne. Große Kahlschläge, die für Kiefernsaat vorbereitet werden, sind eingezäunt. Viele Rotwildfährten zeichnen sich auf den sandigen Wegen ab.

Im endlosen Waldgebiet überrascht uns eine heitere Wieseninsel mit einem weltverlassenen Dorf. Lebensgrundlage der kleinbäuerlichen Bewohner scheinen die Waldarbeit und der Verkauf von Bauplätzen an erholungshungrige Städter zu sein. Im Dorfkern zeigen viele Häuser Spuren des Verfalls, und wo ein Haus schmuck hergerichtet ist, sind die Fensterläden geschlossen, und ein Städter hat es sich wohl unter den Nagel gerissen. Da und dort ums Dorf sind Wiesen aufgeforstet und Anlaß zu Trauer.

Als sich der große Wald wieder lichtet, sind wir dem Westrand des Gebirges schon recht nahe gekommen, und bei Lützelstein (La Petite Pierre), einem Bergnest, geht der Blick weit ins

Lothringische hinaus. Die GR 53 holt weiter kräftig nach Westen aus, wir biegen indessen nach Süden ab, um Zabern näher über die Hünenburg zu erreichen. Als ich beim Vorbereiten der Wanderung auf der Karte den Namen »Hunebourg« entdeckte, fiel mir der elsässische Träumer ein, der zwischen den beiden Weltkriegen eine ostpreußische Gräfin heiratete, sich auf dem Felsen seine staufisch-romanisch empfundene Hünenburg mit einem »Friedensturm« und der »Dem unbekannten elsässischen Soldaten« gewidmeten Feierstätte erbaute, als Autonomist zum Tode verurteilt wurde, während der deutschen Besetzung 1940–44 im Elsaß eine Rolle spielte und bei Kriegsende nach Schweden floh, wo er das Buch »Tausend Brücken« schrieb. Was war nach 1944 aus der Hünenburg geworden? Ich hatte einmal gehört, die Franzosen hätten sie in die Luft gesprengt. Über das Wipfeldach erhebt sich vor uns der Burgfelsen. Die Gebäude stehen noch auf ihrem Riff und sind als Privateigentum für Besucher gesperrt. Nur der Turm ist zugänglich. In den Turmstuben sind die Fußböden herausgerissen und verheizt. Die Inschrift für die gefallenen Elsässer finde ich nicht mehr; sie ist ausgemerzt, weil ja die auf der falschen Seite gefallenen gemeint waren. Ich denke an die braven jungen Elsässer, die man in Rußland gern mir, dem badischen »Halbwagges«, zuteilte; wir waren gute Kameraden und haben einander nicht im Stich gelassen. Und ich fühle mich verpflichtet, bei meinen Wanderkameraden, Nichtalemannen alle drei, Verständnis für die schwierige Geschichte des Elsaß zu wecken – ein eingefleischter Elsässer hätte es nicht besser gemacht.

Nachdenklich lassen wir die Hünenburg hinter uns. Ich erinnere mich an meine erste Fahrt durchs Elsaß im Jahr 1932 und an den jungen Elsässer, der als französischer Soldat am Rheinufer bei Markolsheim vor einem Betonklotz der Maginotlinie Wache schob; ich hatte ihn gefragt, ob er wohl meine, daß diese Verteidigungsanlagen je einmal in Tätigkeit treten müßten, und er sagte: »War weiß, dam Hitler kann mer jo nit träue!« – worüber ich lachen mußte wie über einen guten Witz. Aber sieben Jahre später war es soweit, und ich war damals stolz, dabeizusein, als das Elsaß zurückgeholt wurde.

Als unmittelbar beteiligter Zeitgenosse kann unsereiner nicht durchs Elsaß wandern, ohne sich vor Fragen der Geschichte, der Kultur, der Politik gestellt zu sehen. Vielleicht wird eine junge Generation unbefangener, unbeschwerter wandern. Doch auch für sie gilt, daß die Beschäftigung mit der wirtschaftlichen, kulturellen und politischen Geschichte das Erleben der Landschaft nicht belastet, sondern vertieft.

Bei einem einsamen Försterhaus mit tobenden Hunden im Zwinger verpassen wir den abkürzenden Fußpfad, die Markierung setzt aus, und wir geraten auf einen Forstweg, der sich in weiten Windungen zu Tal schlängelt. Im Sand stehen zahlreiche Fährten von Rotwild; der Weg scheint mehr von Hirschen als von Menschen begangen zu werden. Eine Tafel verkündet, daß wir durch ein Staatsjagdrevier wandern, in dem Lärmen, Verlassen des Weges und Fotografieren von Wild verboten ist. Vergeblich warten wir darauf, daß uns ein kapitaler französischer Minister über den Weg läuft.

Wir queren den versumpften und verwilderten Talgrund der Zinsel und steigen einen endlos langen, ermüdenden Waldweg zur Höhe vor Zabern. Dort hat die neue Autobahn die Wanderwege abgeschnitten und zwingt uns zu Umwegen; die Wegmarkierung ist noch nicht aufs laufende gebracht. Dazu erwischt uns ein heftiger Gewitterregen, und ziemlich aufgelöst erreichen wir unser Hôtel National. Das Haus ist verblichene, aber teure Pracht. Leitung und Bedienung sind freundlich und zuvorkommend, verstehen und sprechen jedoch nur französisch.

7. 5.

Der gestrige Achtstundenmarsch hat Gerhard zu schaffen gemacht, der Blutdruck ist verdächtig hoch, alte Knaben sind halt keine jungen Marschierer mehr. Er entschließt sich, die Wanderung abzubrechen, um uns nicht zu belasten, und fährt mit der Bahn heim. Ein etwas wehmütiger Abschied, während wir drei die Wanderung fortsetzen.

Gerhard hat mich mit seinen beiden Freunden allein gelassen. Mit Otto und Rudolf verbindet mich wenig, aber wir drei sind gelernte Kameraden, die wissen, was sie einander schuldig sind. Da bedarf es keiner tiefgründigen Gemeinsamkeiten; jeder läßt jeden gelten und weiß, daß er sich auf die andern verlassen kann. Und so klappt es bei uns denn auch reibungslos.

Kühler Morgen, hie und da blinzelt ein Sonnenstrahl durch die Wolken. Die Stadt Zabern und die Menschen auf den Straßen machen einen durchaus französischen Eindruck. An der Schleuse des Rhein-Marne-Kanals vorbei steigen wir zur Ruine Hohbarr. Die Burg aus Kaiser Barbarossas

Zeit ist auf dem Grat zwischen Rheinebene und der Talfurche der Zorn gewaltig auf die Felsen getürmt. Meine Burgenmüdigkeit ist verflogen. Die Aussicht in die Ebene und zum Schwarzwald ist vom Dunst verhangen. Um so mehr überrascht mich der Blick in den engen Graben der Zorn, der als einziges Quertal die Vogesen an ihrer flachsten und schmalsten Stelle durchschneidet – ich hatte mir die Zaberner Steige, die schon zur Römerzeit Bedeutung hatte, immer als breite Senke vorgestellt. Nun wird mir klar, daß die Steige mit Nationalstraße, Rhein-Marne-Kanal, Eisenbahn und neuerdings auch Autobahn sich in dreihundert Jahren zweifellos zur Nabelschnur ausgewachsen hat, die Straßburg und das Elsaß fest an Paris und Frankreich bindet.

Nach Hohbarr folgt am Gebirgsrand wieder eine Burg der andern: Groß- und Kleingeroldseck, das Mauerwerk mit dem Fels verwachsen. In die geschichteten, abenteuerlich ausgehöhlten roten Sandsteinbänke sind weiße, rundgeschliffene Quarzkiesel eingebacken – Bibeli heißen sie im Lahrer Buntsandstein. Bibelistein und Geroldseck hüben wie drüben – das Verwandte über den Rhein und die Staatsgrenze hinweg läßt sich auch hier nicht verleugnen.

Einmal begegnen wir einem elsässischen Förster, der aus dem Dienstwagen sein Arbeitsgerät hervorkramt. Wir unterhalten uns, und ich lobe seine Weißtannenbestände. Er winkt ab; vor drei Jahren hat der Schnee schwere Schäden angerichtet, und im vergangenen Winter war es ein Eisregen. Die Spuren der Verwüstung in den jungen Beständen waren mir nicht entgangen. Ich tröste den Kollegen: In den gelichteten Beständen wird die Weißtanne sich reichlich ansamen, dann wird man Christbäume in rauhen Mengen hauen können, und der Kittel ist geflickt. In fünfzig Jahren wird man den Bestandsaufbau wahrscheinlich als mustergültig preisen.

Gegen Mittag wird es ungemütlich kalt; vor den blauweißen Maienhimmel zieht sich von Nordwesten häßliches Gewölk, das zerschlissene Schneefahnen unter sich herschleift. Ganz plötzlich erhebt sich ein Wind, der uns den Anorak schließen läßt und einen Graupelschauer schickt. Gleich darauf scheint die Sonne wieder und läßt den Waldboden dampfen. Ich ziehe den Anorak aus, doch zum Schwitzen kommt es den ganzen Tag nicht mehr, und nach einer geruhsamen Mittagsrast gelüstet es keinen von uns. Die Eisheiligen lassen grüßen!

So haben wir schon früh am Nachmittag unser Tagesziel, die Hub, erreicht. (Als Gerhard in Niederbronn den Herrn Zengerlé nach »La Hoube« fragte, meinte der: »Mir sage halt d'Hüb!«)

Die Hub ist eine auf freiem Höhenrücken weitverstreute Siedlung. In einem bescheidenen Gasthaus bekommen wir ein Dreibettzimmer.

Während sich die beiden Kumpel die Stunden bis zum Abendessen mit Füßepflegen, Lesen und Schlafen vertrieben, streifte ich durch das Dorf. Die Häuser sind über die Wiesen verstreut oder entlang der Wege aufgereiht, und zuhöchst liegt in einem Wäldchen der große Komplex eines Erholungsheimes; es hätte irgendwo auf dem Schwarzwald sein können. Der Blick schweifte weit über die Wälder nach Westen ins Land hinaus. Im Süden erhob sich nicht allzufern aus dem Wald überraschend ein steiler, kahler Bergkegel, die Dagsburg, dem zuhöchst eine absonderliche, mächtig überkragende Felsplatte aufsaß. War es der Berg Ararat mit der gestrandeten Arche? Ich erinnerte mich, gelesen zu haben, von der Dagsburg stamme der Papst Leo IX. (1002–1054), und fand den Vergleich mit einem Altartisch passender, auf dem, einer Monstranz gleich, eine Kapelle stand, die anstelle der zerstörten Burg zu Ehren des elsässischen Papstes errichtet war. Im fahlen Gegenlicht ragte die Dagsburg als grauer Schattenriß überm Wald.

Ich stieg durch die Tannenbestände, die hinterm Ort sich schon bis in 800 m Höhe erheben. Die Tanne gedeiht üppig, wird aber auch hier weitgehend durch die Douglasie ersetzt, und als alter Tannenförster machte ich mir wieder einmal meine Gedanken.

8. 5.

Der Morgen ist frisch, der Himmel blankgefegt, die Welt strahlt, die Vögel jubilieren und die Ameisen wimmeln über den Weg. Der Kälteeinbruch scheint nur von kurzer Dauer gewesen zu sein. Wie gut tut es, beim Wandern keinen Wetterbericht zu hören und mit Gelassenheit anzunehmen, was da geschickt wird!

Unser Weg läuft auf die Dagsburg zu, der Berg hat es mir angetan, und ich bin schon in Erwartung eines guten Schnappschusses, doch so einfach wird es mir nicht gemacht. Durch Tannenwald senkt sich der Pfad in tiefe Gründe, steigt und fällt und steigt dem Berg entgegen, und erst an seinem Fuß tritt er ins Freie. Aus der Nähe betrachtet sieht die Dagsburg freilich gar nicht mehr so feierlich aus. Eine Autostraße, roh in den kahlen Hang gerissen, windet sich um den Kegel herum zum Felsenriff hinauf. An der Rückseite des Felsens hat sich ein Hotel angesiedelt, und die Kirche auf dem Felsentisch erweist sich als ein wenig schönes Bauwerk aus dem vorigen Jahrhundert. Wieder einen Film gespart!

Und weiter durch Tannen, Tannen, Tannen, und wenn sie einmal auseinandertreten, stößt der Blick wieder nur auf Hänge voller Tannen. Ich bin natürlich in meinem Element, doch wenn ich mich in meine Kameraden versetze, fühle ich mich zu Erklärungen, Entschuldigungen, Vertröstungen verpflichtet. Die Wälder sind von einer Einsamkeit und Stille, wie ich sie sonst nur aus dem Nordschwarzwald kenne.

Seit Zabern schlagen die Wellen der Berge und Täler von Tag zu Tag höher, heute werden wir mit dem Schneeberg auf 960 m kommen, morgen auf dem Mutzigfelsen die 1000 m erreichen und übermorgen auf dem Hochfeld fast gar 1100 m. Zwischen diesen Höhepunkten geht es aber immer wieder tief in die Täler hinunter. So fallen wir heute ins Tal von Wangenburg (500 m), ehe es um die heiße Mittagszeit steil zum Schneeberg hinaufgeht. Wir steigen durch dunklen Tannenpelz und Blockhalden, und als endlich der Sturm oder der Schnee eine Lücke in den Bestand gerissen und einen Ausblick geöffnet hat, hält uns nichts mehr zurück, hier, dicht unter der Höhe, die Rucksäcke abzuwerfen und tief aufzuatmen.

Über den breiten moorigen Rücken des Schneebergs wird die Bestockung dürftig, »auerhahnartig« wie auf den Grinden des Nordschwarzwalds, dann geht es steil durch den Wald ins Tal der Hasel hinunter. Halbwegs zwischen Höhe und Tiefe tauchen wir zum ersten Mal aus dem Buntsandstein in das Grundgebirge hinab, das jetzt nach Süden höher und höher aufsteigt und die Geländeformen bestimmt. Auf einer Granitklippe horstet die Burg Nideck. Sie läßt uns nicht so ohne weiteres vorbeiziehen; schließlich haben wir in der Volksschule noch das Gedicht »Das Riesenspielzeug« von Adalbert von Chamisso gelernt und bis heute nicht vergessen: »Burg Nideck ist im Elsaß der Sage wohl bekannt, die Stätte, wo vorzeiten die Burg der Riesen stand . . .« Wie arm ist doch eine Generation, die in der Schule keine Sagen und Gedichte mehr auswendig lernt! Mir machen die Verse das Vogesental geradezu vertraut.

Heute feiert Frankreich den Waffenstillstandstag. Am Vormittag war auf unseren steilen Wegen nichts davon zu merken, am Nachmittag ist alt und jung unterwegs. Man wandert zwar nicht, doch man geht spazieren. Man stellt den Wagen auf einem der vielen Parkplätze ab, die die

Französische Forstverwaltung mit Vorliebe in der Nähe von Burgruinen eingerichtet hat, und auf den Mauerzacken und Turmstümpfen wimmelt es von jungem buntem Volk.

Das Netz der Wanderwege in den Vogesen erweckt den Eindruck, als stamme es noch aus der kaiserlich deutschen Zeit. An ihm scheint sich kaum etwas geändert zu haben, abgesehen davon, daß, wie ja auch im Schwarzwald, viele der alten Fußpfade inzwischen von breiten Forstwegen überrollt worden sind. Deutlicher erinnern die zahlreichen Gedenktafeln an Aussichtstürmen und Burgruinen an die Hoch-Zeit des Vogesenklubs im reichsdeutschen Halbjahrhundert. Mit bewundernswertem Schwung sind, wie dies die Namen auf den Tafeln bezeugen, nach 1871 Einheimische gemeinsam mit zugezogenen »Schwowe« an die Erschließung der Vogesen gegangen, und nach allem, was sie hier miteinander geleistet haben, kann es mit dem Einvernehmen nicht gar so schlecht bestellt gewesen sein.

Eine Errungenschaft der jüngsten Zeit sind hingegen die französischen Weitwanderwege. Nach deutschem Muster hat man in Frankreich unter Benutzung der vorhandenen Wege ein Netz von »Grandes Randonnées« markiert, zentral gesteuert und hier offenbar staatlich finanziert. Auf der GR 53 sind uns in diesen Tagen allerdings nur zweimal Wanderer begegnet. Das eine Mal, am Fleckenstein, war es ein älteres Ehepaar aus Darmstadt. Das andere Mal waren es vier zünftige Wanderer; die grüßten freundlich, aber wortlos, wohl weil sie sich nicht im klaren waren, in welcher Sprache sie es tun sollten; ich hielt sie für Briten oder Holländer.

Die Beschreibung der GR 53 hat im Tal der Hasel als Übernachtungsmöglichkeit die bewirtschaftete Hütte des Vogesenklubs beim Campingplatz Luttenbach angegeben – das einzige Mal, daß sie uns irreführte; die Hütte wird nicht mehr bewirtschaftet. Also blieb uns nichts anderes übrig, als talauswärts nach Oberhaslach weiterzuziehen. Der Fußpfad im Wald war durch Fall- und Bruchholz vom Winter versperrt, sodaß wir auf der Talstraße mit ihrem starken Feiertagsverkehr nach Oberhaslach stiefeln mußten. Diese Stunde ist uns saurer gefallen als die fünf Stunden zuvor.

Oberhaslach bot uns Unterkunft, doch sonst nichts Besonderes. In Niederhaslach steht eine sehenswerte gotische Kirche, die der Sohn des Straßburger Münsterbaumeisters Erwin von Steinbach erbaut haben soll. Doch sie stand mir gut. Ich füllte lieber eine andere Bildungslücke auf,

120

indem ich mich mit einigen Asterix-Heften befaßte, die sich in meinem Hotelzimmer vorfanden – vermutlich zur Einstimmung auf den morgen bevorstehenden Besuch des Keltenberges Donon.

9. 5.

Sonniger, wolkenloser Morgen und früher Aufbruch, weil ein langer Marsch von achteinhalb Stunden über die Tausendmeterhöhe und wieder auf 320 m hinunter bevorsteht.

Der Aufstieg läßt sich gemächlich an – kurzweiliges Granitgebirge mit heimatlich anmutendem Bergmischwald aus Tannen, Buchen, Fichten und einer Allee sehr starker Douglasien noch aus Kaiser Wilhelms Zeiten. Als überm Granitsockel die hohe, wenig gegliederte Buntsandsteinmauer emporwächst, stoßen wir wieder auf unsere GR 53, und nun geht es lange und schweigsam auf steilem Zickzackpfad durch jungen, vom Schnee bös mißhandelten Nadelwald. Endlich auf der Höhe (838 m) das »Thürgestell« (Porte de Pierre), ein von der Verwitterung geschaffenes Felsentor. Im Elsaß scheint man in derartigen Gebilden gern keltische Kultstätten zu sehen, vielleicht im Bemühen, gegenüber der späteren alemannischen Landnahme die keltische Grundsubstanz hervorzuheben – als ob keltisches Substrat nicht auch rechts des Rheins von Bedeutung wäre.

Beim weiteren Aufstieg zum Mutzigfelsen finden sich in Schattenwinkeln Reste von fernderigem Schnee. Den Gipfel bildet eine gewaltige Felsplatte, fast geometrisch kreuz und quer gespalten. Verdiente Mittagsrast mit weitem Ausblick über sturmzerzauste, schneegebrochene Fichtendolden auf die bewegte Bergwelt jenseits der tiefen Furche des Breuschtals; im Dunst stumpfschwarze bis aschengraue Kulissen, darüber aufquellende grellweiße Wolkentürme. Ehe wir es uns versehen, zieht sich der Himmel zu, und in der Ferne bruttelt Donner. Endlich mal was anderes als dieser ewige Schönwetterdunst! Wir kürzen die Rast ab, und bald erwischt uns das Wetter. Unter dem Geprassel des Regens auf unseren Schirmen und bald auch unter zuckenden Blitzen und berstenden Donnerschlägen, vorsichtig Abstand von Mann zu Mann haltend, als wäre es im Streufeuer feindlicher Artillerie, trotten wir durch das Gewitter. Den in der Karte verzeichneten Fußpfad hat wieder einmal in breitem Aufhieb ein Forstweg verschluckt. Er erschließt Steilhänge mit alten Tannenbeständen, die bisher nicht durchforstet werden konnten und von dürrem Gestänge starren. Ein ausgedehnter Kahlschlag öffnet die Sicht auf den hohen, steilen Gegenhang voll dichtem Tannenwald, mein Traummotiv, großartig, auch wenn man bei diesem Wetter nicht fotografieren kann. Weil es mir kaum vergönnt sein wird, noch einmal bei Fotowetter hierher zu kommen, nehme ich das Bild um so eindrücklicher in mich auf.

Der Regen strömt, bald ist der Weg ein Sturzbach, auch das sonst so bewährte Regendach nützt nichts mehr, Nebel verschluckt uns, und am Sattel zwischen den beiden Donons sind wir so durchnäßt, daß wir auf den Großen Donon trotz seinen keltischen und gallo-römischen Altertümern verzichten und nach unserm Tagesziel Schirmeck abkürzen.

Wir geraten in ein rührend altmodisches Hotel, das aber vor moderneren Häusern den Vorzug hat, daß die Heizung funktioniert.

10. 5.

Südlich der Breusch (La Bruche) erhebt sich das Grundgebirge, die Buntsandsteindecke ist abgetragen, und mit dem Granit prägen Weidberge das Landschaftsbild. Sie werden jedoch offenbar nur noch schwach beweidet; sie verwildern und werden aufgeforstet.

Auf 700 m Höhe führt der Wanderweg am ehemaligen Konzentrationslager Natzweiler-Struthof vorüber. Bei der Vorbereitung unserer Wanderung zeigte mir die Karte das Steintal (Ban de la Roche), Fouday und Waldersbach, und wie bei Niederbronn und der Hünenburg wäre ich bereit gewesen, auch hier von der GR 53 abzubiegen, um die Wirkungsstätte des Pfarrers Oberlin (1740–1826) zu besuchen. Fast sechzig Jahre lang hat Johann Friedrich Oberlin als Seelsorger, Schulmeister, Arzt, Landwirt, Baumeister, Verwaltungsmann, Sozialreformer in einer Person das Elendsgebiet des Steintals zu einer blühenden Talschaft entwickelt, einer der großen Elsässer und Europäer und Vorläufer von Albert Schweitzer. Warum hatte man den Weitwanderweg vom Donon zum Hochfeld nicht über das Steintal geführt? Wenn ich die Karte studierte, wäre diese Wegführung touristisch vielleicht sogar reizvoller. War es im Steintal etwa mit dem Nachtquartier schlecht bestellt? Oder hatte man auf das Steintal zugunsten des Struthofs verzichtet? Im Elsaß stößt viel Gegensätzliches hart aneinander, und nicht bloß geographisch: im Süden Günsbach, das Heimatdorf Albert Schweitzers, und das Schratzmännele, eines der mörderischen Schlachtfelder im Ersten Weltkrieg; und hier im Norden das Steintal Oberlins und das berüchtigte Konzentrationslager Struthof als Denkmal der Jahre, als wir das Elsaß »befreit« hatten.

Nun, ich bin froh, daß wir der GR 53 folgen und nach den Erinnerungen von Weißenburg, Windstein, Niederbronn und Hünenburg uns die Begegnung mit dem Struthof nicht erspart haben. Er ist als nationale Gedenkstätte eingerichtet. Schweigend betrachteten wir die schwarz gestrichenen Baracken und daneben die weißen Kreuze. Dreißigtausend Menschen sollen hier umgekommen sein. Es dauerte eine Weile, bis wir Worte fanden, und wir schonten uns nicht. Nicht als ob wir alten Soldaten uns zu schämen hätten; aus Liebe zum Vaterland haben wir das Leben eingesetzt, wie es sich gehörte. Aber man kann im guten Glauben handeln und doch dem Bösen dienen. Und auch vor einer stattlichen Summe großer Leistungen und selbstloser Opfer kann ein furchtbares Minuszeichen stehen. Späte Einsichten alter Soldaten.

Die Höhen um das Hochfeld (Champ du Feu, 1075 m) scheinen im Sommer wie im Winter das vielbesuchte Erholungsgebiet der Straßburger zu sein – nach den Abfällen entlang den Straßen, Parkplätzen und Wanderwegen zu schließen. Auf den Langlaufloipen scheint es Papier-Nastücher geschneit zu haben. Auf dem flachen Rücken des Hochfelds liegt noch alter Schnee, dazu stöbert es neuen, es ist kalt und unfreundlich. Die Luft ist trüb, mit der Fernsicht ist es Essig. Ohne uns aufzuhalten, laufen wir weiter nach Hohwald hinunter. In tieferen Lagen geht es durch schönen Mischwald, Straßburger Stadtwald. Eine Gedenktafel verkündet, daß der Dichter Friedrich Rückert hier eine Riesentanne besungen hat, doch hatte er dabei sicherlich nicht so steife Finger wie wir heute. Die Tanne ist längst verschwunden, und Friedrich Rückerts Gedichte sind vergessen.

Hohwald, ein hübsch gelegener Luftkurort, macht zu dieser frühen Jahreszeit einen recht verschlafenen Eindruck. Es kostet daher keine Mühe, eine Unterkunft zu finden. Und die heiße Dusche – aaahhh!

11. 5.

Ein strahlender Himmel und das Bewußtsein, den letzten Tag unserer Wanderung vor uns zu haben, beschwingen den Marsch durch die Wälder auf dem Weg zum Odilienberg. Zwischen den dunklen Tannen leuchtet das Buchenlaub jetzt in seiner vollen hellen Pracht.

Die Heidenmauer quert unsern Pfad, ungeheures Zyklopenbauwerk einer fast dreitausend Jahre alten keltischen Fluchtburg. Die gewaltigen Blöcke weisen noch die eingehauenen schwalbenschwanzförmigen Nuten auf, in denen Eichenholzkeile die Steine verklammerten. Zehn Kilometer lang umzieht die Mauer die Höhe des Berges, Tausende müssen an ihrem Bau gearbeitet, Tausenden mag sie Schutz gewährt haben, eine unvorstellbare organisatorische und technische Leistung ihrer Zeit, die den Vergleich mit Maginotlinie und Westwall nahelegt. Ob die Heidenmauer ihren Zweck besser erfüllt hat? Sie gibt ihr Geheimnis nicht preis.

Das Kloster auf dem Odilienberg, das Nationalheiligtum des Elsaß, steht wohl anstelle einer keltischen Kultstätte, die das Herz der Fluchtburg gewesen sein mag, und kündigt sich heute durch einen Parkplatz voller Busse aus Frankreich, Deutschland und der Schweiz an. Um das Kloster wimmelt es von mehr oder weniger frommen Besuchern, zwischen denen wir grauköpfigen und verschwitzten Rucksackwanderer uns ziemlich absonderlich vorkommen. Trotz allem Trubel packt uns die Lage des Klosters auf der Felsklippe des Berggipfels, hoch überm Garten der Rheinebene. Das Land drunten verliert sich im Dunst, noch ehe man den Strom und das Straßburger Münster erkennen kann.

Wir verziehen uns in die Einsamkeit und Stille des Waldes am Männelstein und begegnen im Bereich der Heidenmauer den Spuren neuerlicher Ausgrabungen. Mir kribbelt es in den Fußsohlen, und ich meine förmlich zu spüren, was wohl alles an Geheimnissen in dieser Erde schlummert. Nicht bloß in ihren sinnenfälligen Erscheinungen beruht das Wesen einer Landschaft; auch die Ausstrahlungen vergangener Ereignisse und Gestalten wirken in ihr.

Dann treten wir auf die großartige Felsenkanzel des Männelsteins hinaus, und in der Tiefe liegt das Städtchen Barr zwischen Reben gebettet. Schon dem Gewirr brauner Ziegeldächer meint man anzusehen, wie gemächlich es sich in den alten Häusern und winkligen Gassen lebt.

Wie hier Barr am Fuße der Vogesen, so liegt gegenüber am Rande des Schwarzwaldes, nicht weiter als dreißig Kilometer entfernt, meine Vaterstadt Lahr; wäre heute klare Sicht, so müßte man die Hochhäuser und Fabrikkamine erkennen. Wie oft in meiner Jugend habe ich von drüben über die Ebene herübergeschaut! Der Blick auf die Vogesenberge am westlichen Horizont gehörte zur Heimat, auch wenn für den jungen Menschen das Elsaß unerreichbares Ausland war.

In den Jahren nach dem ersten Weltkrieg war am Oberrhein ein eiserner Vorhang niedergegangen. Die Lahrer Geschäftswelt war von ihrem linksrheinischen Umland abgeschnitten und hatte schwer zu kämpfen. Der Vater weigerte sich, ins verlorene Land auch nur hinüberzublicken, und auf den Sohn hat das lange nachgewirkt. Jetzt endlich, auf meine alten Tage, stehe ich auf dem Männelstein, und mir ist, als habe ich damit ein altes Versäumnis wiedergutgemacht.

Noch einmal, zum letztenmal, geht es steil bergab, fährt es uns kräftig in die Knie, zuerst durch den vertrauten Bergwald, dann durch südlichen Kestenbusch, zuletzt durch die mittagsheißen Barrer Reben – ach, wir sind alle drei froh, daß wir es geschafft haben!

Am Marktplatz vor einem Gasthaus sitzen wir bei einer Flasche Elsässer, vielleicht waren es auch mehr, und warten auf den Wagen mit dem Freiburger Kennzeichen. Wohlig lassen wir uns die Sonne auf den Buckel scheinen und das schweißnasse Hemd trocknen. Für uns drei ist dies halt doch die schönste Stunde dieser zehn Tage.

Im Linzgau
20. – 23. Mai 1982

Trotz Christi Himmelfahrt war an einen Vatertagsausflug der beiden Fritzen nicht gedacht. Aber Fritz junior, unser Ältester, mußte als treusorgender Familienvater mit seinen Urlaubstagen geizen, und so wählten wir für unsere Wanderung die vier Tage mit und nach Himmelfahrt und kamen mit einem Urlaubstag aus. Dem alten Fritz steckten die zehn Vogesentage noch ein bißchen in den Knochen, so daß ihm der Sinn nicht schon wieder nach einer saftigen Tour stand. Die Wanderung galt dem Linzgau, dem Hinterland des Bodensees, und die Tagesstrecken gingen nicht über 20 km hinaus.

Schon einmal bin ich im Mai durch den Linzgau gelaufen, doch nur bei Nacht habe ich die Gegend kennengelernt: Viehzäune, Wassergräben und, wenn der Mond einmal durch die Wolken kam, große Bauernhöfe mit schönen Fachwerkgiebeln und bellenden Hunden. Bei Tag versteckte ich mich im Wald, es schneite und hurnigelte, und ich klapperte mit den Zähnen, doch die Marokkaner, die die Wälder nach deutschen Soldaten durchkämmten, haben mich nicht gefunden. Damals faßte ich den Entschluß, den Linzgau auch einmal friedlich und am hellen Tag zu durchwandern, und nun, siebenundreißig Jahre danach, war es soweit, und mein Ältester wanderte mit mir.

20. 5., Himmelfahrtstag

Als wir in Überlingen aus dem Zug steigen, wimmelt es auf dem Bahnsteig von Vatertäglern, auf der Uferstraße von Autos und auf dem See von Booten. Zwar führt von Überlingen ein markierter Wanderweg schnurstracks nach Norden zum Tagesziel Hohenbodman, doch uns schrecken die endlosen Überlinger Neubaugebiete und ihre harten Straßen. Lieber machen wir einen kleinen, selbsterfundenen Umweg, der uns rascher aus dem Feiertagstrubel der Stadt zu führen verspricht.

Von der Goldbacher Kapelle steigen wir durch einen tief ins weiche Molassegestein einge-schnittenen Hohlweg zur Gletschermühle hinauf, dem mächtigen Strudeltopf aus der Eiszeit. Die drei Pappeln stehen noch, die schon in meiner Bubenzeit als Orientierungsmarken am Überlinger See dienten, ich begrüße sie wie alte Freunde. Auch sonst hat sich, von hier oben gesehen, nicht eben viel verändert, wenigstens nicht zum Nachteil. Diese unterste Staffel des Bodensee-Hinter-landes ist noch immer das Paradies von einst, das seine südliche Heiterkeit vom See empfängt, der immer irgendwo heraufschaut. Wiesen, Apfel- und Birnbäume blühen und duften überschweng-lich. Der Pfad windet sich über den Felswänden der Heidenhöhlen hin. Darunter die blaßblaue Fläche ist voller Segel und am Ufer von den gelben Schlieren des Blütenstaubs durchzogen. Drüben dunkelt märchenhaft das bewaldete Steilufer des Bodanrücks.

Das feiertäglich stille und saubere Dorf Hödingen wird durchschritten. Auf der Karte haben wir eine »Alte Poststraße« und einen »Kirchweg« ausgemacht, und beide sind zu wunderbaren Feld-, Wald- und Wiesenwegen zurückgestuft. Der Hochnebel, der bisher die Sonne dämpfte, löst sich auf, und es wird heiß. Am Waldrand unter einer Eiche, die ihre Äste weit ins Feld hinausstreckt, machen wir Mittag. Es eilt uns gar nicht, auch Rasten gehört zum Wandern. Wir haben Schuhe und Strümpfe ausgezogen, lassen den Wind die Füße kühlen und blinzeln über das grüne, weitge-schwungene, flimmernde Land hin. Da und dort schaut aus Baumgruppen der braune First eines Gehöfts, blinkt ein Weiher. Auf Waldkuppen wechseln maienhelles Buchengrün und Samtdunkel der Nadelbäume. Dahinter erstreckt sich weiß die Seefläche. Am Himmel spielt ein Turmfalken-pärchen. So und nicht anders mag man auch zur Postkutschenzeit diese Landschaft erlebt haben, und dem Wanderer auf einer alten Poststraße fällt es auch heute nicht schwer, sich romantischen Empfindungen hinzugeben.

Hinter Owingen steigen wir von der Alten Poststraße auf den Kirchweg um, der uns durch Wald zur nächsthöheren Staffel des Linzgaues führt. In Hohenbodman gibt es nur eine Kapelle, die Bewohner fahren heute mit dem Auto nach Owingen zur Kirche. Das Dorf besteht aus wenigen Bauernhöfen, und das einzige Wirtshaus hat keine Fremdenzimmer, aber für uns ein Privatquar-tier. Die Sehenswürdigkeiten beschränken sich auf die uralte, hohle Dorflinde und einen alten Turm. Der Baum ist der älteste und stärkste im ganzen Land, so alt, daß er schon dem Wappen der Herren von Bodman, noch ehe sie drunten am See saßen, die drei Lindenblätter geliefert hat. Man hat den Baum sorgsam ausgemörtelt, und doch war im vergangenen Winter in den Zeitungen zu lesen, die Hohenbodmaner Linde werde dürr und müsse wohl gefällt werden. Immerhin hat sie sich wieder belaubt.

Der Turm, letzter Überrest der Stammburg derer von Bodman und als Aussichtsturm ausgebaut, steht hart auf der Kante über dem tief eingerissenen Waldtobel der Linzer Aach, hoch über dem Garten des Salemer Rieds, der wie ein bunter Teppich zu Füßen liegt und mit Gehöften, Weilern und Dörfern bestickt ist, hinauf gegen die Waldstufe von Heiligenberg und hinab zum See. Die sinkende Sonne fächert jenseits der Seefläche den grauen Schatten in Mainau, Bodanrück und Schweizer Seerücken auf. Übers dunstige Hinterland zieht von Westen eine schwere Gewitterwolke, schleift Regenschleier unter sich her, wandert rasch weiter und läßt ein geläutertes Land zurück. Stundenlang könnte ich auf dem Turm stehen und dem Spiel der Wolken, dem Wechsel des Wetters zuschauen.

Am Abend bummeln wir noch ein bißchen über Feld. Fritz, Diplom-Agraringenieur, weiß nicht nur über Flurbereinigung und Unkrautvernichtungsmittel Bescheid; er macht mich auch auf die Regenlachen des nicht asphaltierten Feldweges aufmerksam, an deren Rändern Bienen Wasser trinken und Schwalben den Mörtel zum Nestbau holen.

21. 5.

Frühstück im »Adler«. Die Wirtin, obgleich sie einen langen Vatertag hinter sich hat, ist gesprächig und leistet uns Gesellschaft; Wanderer scheinen hier Seltenheitswert zu haben. »Wenn wir den Turm und die Linde nicht hätten, wüßte kein Mensch etwas von uns!« Beim Ausbau der Straße und der Kanalisation habe man der Linde die Wurzeln abgeschlagen, und auf dem benachbarten Hof sei das alte Güllenloch aus Eichenholz, das die Linde miternährte, jetzt durch eine Betongrube ersetzt worden. Da wächst ein Baum zwölfhundert Jahre lang, und unsern Tagen ist es vorbehalten, ihm ein Ende zu machen.

Dämpfiges Wetter treibt uns schon früh am Morgen den Schweiß aus allen Poren. In der Bergwand von Heiligenberg brauen die Nebel. Der trübe Himmel löscht auch auf der Erde alle

Farbe aus. Trotzdem steigen wir frohgemut in den Waldtobel hinunter und drüben wieder hinauf. Rehe und Hasen äsen vertraut, sie haben sich noch nicht auf die Jagdzeit eingestellt, die vor fünf Tagen begann. Auf dem regennassen Weg begleitet uns die frische Spur eines Dachses – wann eigentlich habe ich in Deutschland zum letzten Mal einen Dachs gesehen?

Aus dem Tobel kommen wir auf eine Ebene mit sauberen Weilern, blühenden Apfelbaumpflanzungen und Wiesen mit geflecktem Vieh und Lerchenmusik. Ja, ein wunderbar stilles Land, nichts für Hochleistungs-, um so mehr für Genußwanderer. Hier sieht man dem Wanderer mit Wohlwollen entgegen und erwartet von ihm, daß auch er sich Zeit lasse, ein paar Worte zu wechseln. Unter diesen Umständen nehme ich selbst die hart asphaltierten Sträßchen ohne Murren in Kauf.

Rickertsweiler heißen die paar Häuser, bei denen wir das oberste Stockwerk der Linzgaulandschaft erreichen, das schon in die oberschwäbische Hochfläche überleitet. In dem kleinen Haus, das dem Wald am nächsten steht, schlief ich damals auf dem Fußboden nach einem Tag voll Nässe und Kälte wie in Abrahams Schoß, und die alte Frau sorgte sich um mich wie um ihren Sohn, von dem sie seit Monaten keine Nachricht hatte. Nachdem die Klamotten trocken waren, verschwand ich bei Morgengrauen wieder im Wald. – Fritz, mein Ältester, hört sich meine Schilderung jener Tage geduldig an.

Der Pfad zieht sich durch den Wald überm Steilhang hin. In den Buchenwipfeln hängt der Nebel, und in ihm glimmt das junge Laub in geheimnisvollem Grün. Damals überraschte mich hier am Abend der Blick über die weite Fläche des Bodensees und darüber großartig das Säntismassiv, dessen Zacken und Schneebänder in der letzten Sonne glühten. Ich konnte mich nicht losreißen, und als es zunachtete, blühte am Schweizer Ufer ein Kranz unzähliger Lichter auf, ein Wunder in einer Welt der Verdunkelung, unfaßbar nach sechs Jahren Krieg. Ich wagte nicht zu denken, daß auch in Deutschland jemals wieder Lichter brennen könnten, und doch war der Anblick tröstlich in der Götterdämmerung jener Tage.

Dann bricht heftiger Regen los, der uns jedoch im Schutz unserer Regendächer nichts anzuhaben vermag. Trotzdem stehen wir im Trauf einer Buche unter und leisten uns das Vergnügen, dem Rauschen des Regens zuzuhorchen.

Dafür begnügen wir uns in Heiligenberg damit, ein paar Kleinigkeiten einzukaufen; das fürstliche Schloß muß auf uns verzichten. Ich kenne seine Renaissancepracht von früher, und Fritz kann die Besichtigung auf einer Familienfahrt oder einem Betriebsausflug bei gutem Wetter und klarer Sicht nachholen. Wie ich ihn kenne, wird er diesen und jenen Punkt, der ihm besonderen Eindruck gemacht hat, mit Frau und Kindern noch einmal aufsuchen.

Der Wanderweg geht, meist auf Straßen, über die Hochfläche nach Osten: sanft gewelltes Bauernland mit großen gelben Schlägen von Löwenzahn, Hahnenfuß und Raps, dazwischen fichtendunkle Waldstücke. Wo der Weg eine Geländewelle überschreitet, ist diese von einer schönen alten Linde und einem Kreuz gekrönt. In den Mulden sammeln sich die Höfe zu kleinen Dörfern. In dem tiefer eingesenkten Tal der Deggenhauser Aach hat vorzeiten der Gletscher ebenmäßige Moränenhügel modelliert. Als der mattsilberne Spiegel des Illmensees vor uns liegt, löst sich das Gewölk zu buntscheckigem Schwarz-blau-weiß auf und läßt bald fern, bald nah Sonnenschein die Welt verklären.

Natürlich haben auch schon Camper, Surfer und Segler den Weg zu dem versteckten See gefunden, doch mit Maßen. Die Gemeinde scheint auf eine ruhige Entwicklung zu setzen. Oder kommt uns das nur im Frühjahr so vor? In unserm Landgasthof machen wir uns frisch und leicht und streifen durch die Umgebung. Der Blick von der Höhe auf den noch recht ursprünglichen See mit dem schönen Baumbewuchs seiner Ufer hat es uns angetan. Für Schwarzwälder hat eine offene Seenlandschaft ja immer etwas Paradiesisches.

Auf der Anhöhe über dem Illmensee hat eine badische Infanteriedivision zur Erinnerung an ihren Einsatz am russischen Ilmensee einen Gedenkstein errichtet. Vor ihm sitzen Vater und Sohn auf der Bank, und es ergibt sich ein Gespräch. Fritz: »Nicht auszudenken, was aus uns geworden wäre, wenn ihr den Krieg nicht verloren hättet.« – Ich: »Daß wir den Krieg nicht gewinnen konnten, ja, nicht gewinnen durften, ahnten wir dunkel, doch der Gedanke war zu ungeheuerlich; zur Gewißheit ist er uns erst hinterher geworden.« – Fritz, mit einem halben Blick zum Gedenkstein: »Und trotzdem?« – Ich: »Trotzdem. Vielleicht war ihr Tod sinnlos, ich weiß es nicht. Aber es waren unsere Kameraden. Sie sind für uns Davongekommene gestorben, an unserer Statt.« – Fritz: »Das gilt für euch. Aber wir, die wir mit Hitler und seinem Krieg nichts zu tun haben?« –

Ich: »Nehmt die Denkmäler als Steine des Anstoßes, damit so etwas nicht mehr geschieht. Aber auch, damit ihr nicht vergeßt, daß jede Gemeinschaft von der Bereitschaft zu Opfer und Hingabe lebt, auch wenn es nicht um Leben und Tod geht. Das gilt für Ehe und Familie, Gemeinde und Staat. Ihr habt eine gute, aber gefährdete Demokratie; setzt euch dafür ein, daß sie nicht verkommt. Doch seid kritisch, wenn an eure Opferbereitschaft appelliert wird. Seid kritischer, als wir es waren.«

In der Abendsonne ruht drunten der See. Ein Bild des Friedens.

Samstag

Durch Morgensonne und Wind wandern wir am Illmensee entlang und freuen uns am Glitzern der kleinen Wellen im Gegenlicht. Hinter dem Weiler Illwangen, am Waldrand bei der ehemaligen Saatschulhütte, muß ich wieder eine Gedenkminute einlegen; damals war die Hütte mein Unterschlupf, während im Dorf Illmensee die Glocke zur Beerdigung von drei Landsern läutete, die die Marokkaner aufgestöbert und erschossen hatten. Erinnerungen kommen hoch, ich muß mich in acht nehmen, daß ich meinem Ältesten nicht zuviel zumute. Harmloseren Gesprächsstoff bietet da die Erdölförderungsanlage, die jetzt nahe bei der Hütte aufgebaut ist. Eine Flamme fackelt, die Pumpenschwengel gehen träge, aber unermüdlich auf und nieder.

Der Wanderweg steigt durch Wald zu den Häusern von Glashütte und dem breiten Wiesenrücken des Höchsten, der höchsten Erhebung im Linzgau. Bei klarem Wetter muß er einen großartigen Rundblick bieten, doch heute ist der uns nicht gegönnt. Der Gehrenberg ist gerade 10 km entfernt, doch zeichnet sich sein Umriß nur ganz schwach ab. Soviel läßt sich immerhin erkennen: Stand die erste Tagesstrecke unserer Linzgauwanderung unter dem Eindruck einer beinahe südländischen Anmut, und bestimmten gestern die gelassenen Züge der oberschwäbischen Hochfläche das Bild, so gerät die Landschaft heute mit dem Höchsten (833 m), dem Gehrenberg (754 m), dazwischen dem Tal von Roggenbeuren (509 m) und mit dem bunten Wechsel von Feld und Wald ins Bewegtere und erinnert schon ein wenig ans Alpenvorland.

Aber bis zum Gehrenberg wird uns ziemlich viel Asphalt und Spritzmittelgestank zugemutet. Dies scheint nun einmal der Preis zu sein, den der Wanderer heutzutage für eine bäuerliche

Bilderbuchlandschaft zu zahlen hat. Mit Aufatmen wird jeweils das nächste Waldstück begrüßt, das endlich wieder für eine kurze Strecke den Wanderweg aufnimmt.

Wir zwei, Forstmann und Landwirt, sind nicht in allem einer Meinung, aber immer wieder lernen wir voneinander, beispielsweise wenn wir uns über Vor- und Nachteile der Flurbereinigung unterhalten. In unserer überstrapazierten Feldlandschaft sind Wald und Flurgehölz die letzte Zuflucht, in die die Natur sich zurückzieht und aus der sie regenerierend wieder ausstrahlen kann. Baum und Strauch machen eine Wirtschaftslandschaft erst zur Kulturlandschaft.

Doch was heißt schon »Wirtschaft« und »Kultur«? Ich komme nicht los von dem Gedanken, daß beides doch einmal das gleiche bedeutet haben muß. Das lateinische Hauptwort *cultura* kommt vom Zeitwort *colere,* was bebauen, pflegen, bewirtschaften heißt. Wie weit haben wir uns von dieser Einheit entfernt, wie sehr sind beide Begriffe verkümmert! Wirtschaft und Kultur, beides als Vollzug des Schöpfungsauftrages, die uns anvertraute Erde verantwortungsbewußt zu »bebauen und bewahren«, – wir werden es wieder lernen müssen.

Unser Weg führt, wie auch an den vorigen Tagen, an ansehnlichen Bauernhöfen vorbei, die ganz meinen Erinnerungen von damals entsprechen. Mit Wohlgefallen betrachte ich die schönen alten Häuser mit dem Fachwerkgiebel und dem Dachreiterchen auf dem First, bemerke ich auch das knallbunt gestrichene Spielgerät auf der Hauswiese, das auf die Kinder der Sommergäste wartet. Denen wird es, denke ich, in einem stilvollen, behaglichen Linzgauhaus auch besser gefallen als in einem Neubau vom Typ A, B oder C aus der Schublade einer Landentwicklungsgesellschaft. Fritz dagegen achtet mehr auf die Anzeichen gründlicher Erneuerung von Stall und Wohnung. »Ein Bauer, der in den letzten Jahren seinen Hof nicht modernisiert hat, taugt nichts«, sagt er. Umsomehr freut mich, daß auch er den schönen Fachwerkgiebel eines Schnappschusses für wert hält.

Ob Roggenbeuren am Waldrand machen wir Mittag auf einem Haufen Nadelstammholz. Der Dunst verdichtet sich zu einem bleiernen Himmel. Dafür treten die Züge der Landschaft deutlicher hervor. Wenn der Wind sich legt, wird es wohl regnen.

Aber als wir über den Rücken des Gehrenbergs und am Steilabsturz seiner Westflanke entlang laufen, zeigen sich wider alle Erwartung der Experten blaue Flecken im Bleigrau, und weit draußen schimmert die blasse Fläche des Bodensees. Wir beschließen, hier oben die weitere Entwicklung abzuwarten, legen uns einstweilen ins Gras und halten einen gesegneten Mittagsschlaf.

Am späten Nachmittag kann man die Uferlinie schon bis Langenargen verfolgen, auf dem See Schiffe und Segel und am Schweizerufer schattenhaft den Rorschacherberg erkennen. Weiteres freilich bleibt uns versagt, da hilft auch der eiserne Aussichtsturm nicht, und wir vertrösten uns auf morgen.

In Markdorf, dem alten Städtchen am Fuße des Gehrenbergs, feiert man drei Tage lang Frühlingsfest, von der Blasmusik hat uns der Wind schon auf dem Gehrenberg Kostproben in Wellen serviert, und im Städtchen ist kein Quartier zu finden. Aber die Schwanenwirtin lädt uns kurzerhand in ihren Wagen und fährt mit uns nach Bergheim, einem Weiler vor der Stadt, wo wir in einem Bauernwirtschäftle unterkommen.

Gern hätten wir am Abend das schöne gotische Kirchlein besucht, doch es war wohl schon für den morgigen Sonntag geschmückt und verschlossen. So machten wir dem lieben Gott unsere Aufwartung mit einem beschaulichen Spaziergang durch die abendlichen Felder und um die steilstirnigen und flachrückigen Drumlinhügel der glazial überformten Landschaft. Er wird sich über das Feld-, Wald- und Wiesengespräch von Vater und Sohn gefreut haben.

Sonntag

Ich bringe es einfach nicht übers Herz, unsere Wanderung so ganz ohne Bodensee zu beschließen, obwohl ich auf die Seehasen nicht gut zu sprechen bin. Sie haben mir das Paradies meiner Bubenjahre allzusehr verdorben, und ich möchte mir sein Bild von einst lieber ungetrübt in der Erinnerung bewahren.

Das Wetter verheißt nichts Gutes. Nach einem kurzen grellen Sonnenstrahl verdüstert sich der Himmel und von Westen fährt schweres Gewölk auf. Als wir aus dem Dorf ins freie Feld kommen, drohen im Süden überm Wald schieferdunkel die schartigen Sägezähne des Hochgebirges. Doch als vor Immenstaad der Wald uns freigibt, geschieht es wider alle Wetterregeln, daß die Wolkendecke von Westen her aufreißt wie schlechtes Tuch. Der See strahlt in der Sonne, und die

Alpenkette steht in fast unwirklicher Klarheit über dem Wasser. Aus dem Rheintal hervor quillt eine silberweiße Wolkenbank.

Wir sind so überwältigt und sehen dem Seeufer so ungeduldig entgegen, daß wir uns vom modernen Immenstaad nicht allzusehr enttäuschen lassen. Mir war noch das alte Bauern- und Fischerdorf vertraut; es ist nicht mehr viel von ihm übriggeblieben, es hat sich in einen Wohn- und Erholungsort verwandelt, nun ja. Aber von allen guten Geistern verlassen hat man eine Reihe Hochhäuser hingeklotzt. Das Ufer ist verbaut, und es dauert lange, bis wir es erreichen, und auch dann ist vieles eingezäunt und auf Fremdenverkehr frisiert. Nur wer das Seeufer zwischen Immenstaad und Hagnau noch vor fünfzig Jahren im Zustand paradiesischer Unschuld kannte, weiß, was hier im großen Sündenfall der Nachkriegsjahre unwiederbringlich verloren ging. Doch was soll's, – die heutige Generation fühlt sich auch in dieser gefallenen Welt wohl, und unsereiner, der in Trauer und Zorn zurückblickt, gilt als Sonderling. Nachdrücklich wird mir das klargemacht, als wir auf dem Uferpfad nach Hagnau eine halbe Stunde lang durch einen fast rein schwäbisch besetzten Campingplatz laufen.

Auch Hagnau, das alte Winzerdorf, hat sich gemausert, doch sein Gesicht besser gewahrt. Von jeher freut mich der Anblick des gotischen Kirchturms aus grauem Molassesandstein mit dem steilen, abgewalmten Satteldach. Und immer noch beglückend zieht sich der Höhenweg durch die Reben überm See nach Meersburg. Die Obstbäume haben abgeblüht, die Kirschen gut angesetzt. Das junge Reblaub ist schon weit voran, und der Löwenzahn überschwemmt die Wiesen mit seinen seidenweißen Samenkugeln. An einem Rain legen wir uns einträchtig nebeneinander zu ausgiebiger Rast in die Sonne, vor Augen die Rebzeilen, den Baumstreifen am Ufer, den weiten lichtblauen See mit Schwärmen von Segelbooten und darüber mächtig aufgebaut den Säntis. Wunderbar, was der liebe Gott am See in Jahrmillionen schuf. Schön, was der Mensch in Jahrtausenden daraus machte, sieht man von den letzten dreißig Jahren ab.

Fritz streunt durch die Felder, barfuß; er hat eine Wasserblase am rechten Hacken, nachdem er gestern, als ich wieder einmal über den vielen Asphalt schimpfte, mir Überempfindlichkeit vorhielt. Er ist auf der Suche nach einem Fotomotiv. Wenn man das könnte: den Zauber der Bodenseelandschaft ins Bild bannen! Ich jedenfalls habe es aufgegeben.

Auf dem Weiterweg durch die Reben schiebt sich Meersburg ins Blickfeld. Die Unterstadt drängt ans Wasser, die Oberstadt staffelt sich den Steilhang hinauf, die trotzige Merowingerburg und das bischöfliche Barockschloß herrschen über das Gewirr der Giebel und Dächer. In den engen, buckligen Gassen lebt noch etwas von alten Zeiten und bringt es fertig, daß selbst ein kritischer Wanderer über den sonntäglichen Trubel großzügig und milde gestimmt hinwegsieht.

Wie es kam, haben wir beide nicht bemerkt. Während wir in einem Café den beglückenden Abschluß unserer Wanderung mit einem Eiskaffee feierten, hat der Himmel sich bezogen. Der Bus bringt uns nach Überlingen, und als wir den Zug besteigen, fallen die ersten Tropfen. Fünferlei Wetter jeden Tag, – wir haben uns alles gefallen lassen.

Rund um Hinterlangenbach

13. – 16. September 1982

13. 9.

An Mariä Geburt, da ziehn die Schwalben furt, die Feriengäste auch, und der Schwarzwald gehört wieder den Schwarzwäldern. Wenn es herbstelt, beginnt die schönste Wanderzeit.

Diesmal ist der Nordschwarzwald an der Reihe. Der Bus hat mich von Achern nach Breitenbrunnen heraufgebracht. Ich schwinge den Rucksack auf den Buckel und gehe die hohe Waldflanke der Hornisgrinde an. Immer wieder genieße ich mit Leib und Seele das Erlebnis des Tausendmeteraufschwungs von der Rheinebene zum höchsten Berg im Nordschwarzwald (1186 m ü. M.). Hinter den Lößhügeln der Vorbergzone buckelt und buchtet sich lebhaft der Granitsockel des Gebirges, und darüber liegt die klotzige Mauer des Buntsandsteins; aus den lichten Gefilden der Obstgärten, Rebenhänge und blumenbunten Fachwerkdörfer steigt der dunkle Nadelwald, der die Blockhalden bedeckt, und zuhöchst breitet sich die nordisch herbe Moorlandschaft der Hochfläche.

Wer den Rücken der Hornisgrinde mit Legfohren und Moortümpeln noch in seinem urwüchsigen Zustand kennt, hat heute an ihm wenig Freude. Der ungeheure Stachel des Fernsehturmes beherrscht und bedrückt den Berg und im weiten Umkreis das Gebirge. Ein hoher Maschenzaun sperrt den größten Teil der Hochfläche und umschließt ein Durcheinander von Masten, Antennen, leerstehenden und verwahrlosten Baracken: Zone Militaire. Der Zaun drängt den Wanderer gegen den Biberkessel auf der Ostseite des Berges. Wo man sonst über dem Absturz des einstigen Gletscherkares angesichts der wogenden Wälder wenigstens für einen Augenblick das Elend des Berges vergißt, nimmt heute Spätsommerdunst schon auf nahe Entfernung Berge und Täler weg. Der Wanderer trottet mit bitteren Gedanken am Zaun entlang weiter. Niedergerissene Pfosten wollen schon eine leise Hoffnung wecken, doch französische Pioniere sind dabei, den zerstörten Zaun mit Stacheldrahtrollen zu flicken. Ich mache, daß ich weiterkomme. Auch dem Rummel um den Mummelsee will ich entgehen, und da bleibt mir nur übrig, der alten badisch-württembergi-

schen Landesgrenze den Steilhang hinab zu folgen und halsbrecherisch über Stock und Stein zu turnen. Der Abstieg hat mich nicht weniger in Schweiß gebracht als der Aufstieg, und ich frage mich, ob es nicht gescheiter wäre, dem Höhenwegwanderer die Enttäuschung der geschändeten Hornisgrinde mit einer Umgehung durch den Biberkessel zu ersparen.

Über die Kleine Grinde erreiche ich den Wanderweg, der vom Ochsenstall nach Hinterlangenbach hinunterführt. Dort, wo glücklicherweise heute noch Fuchs und Has einander gute Nacht sagen, haben sich aus den Förster- und Waldarbeiterhäusern neuerdings zwei Gasthäuser entwickelt, dazu ein Wanderheim des Schwarzwaldvereins. Ich fühle mich moralisch verpflichtet, das Wanderheim zu wählen. In einem der Gasthäuser wäre es komfortabler; im Wanderheim geht es einfach, aber herzlich zu.

Das Haus ist für einige Tage von einer Sonderschulklasse aus Reutlingen bevölkert. Außer mir sind keine Wanderer da, und so beziehe ich eine Koje mit Doppelbett. Ein alter Mann schläft gern für sich allein, und als ich dem Wirt eröffne, auch noch eine zweite und dritte Nacht bleiben zu wollen, meint er, für morgen habe sich eine größere Wandergruppe angemeldet, da brauche er mein zweites Bett, doch es werde sich ein Weg finden.

Den Abend verplaudere ich mit dem Wirt. Ihm tut es gut, von seinen Erfahrungen zu erzählen, und mir, sie anzuhören.

14. 9.

Heute steht die Lange Grinde auf dem Programm, der Bergzug nördlich des Langenbach- und Schönmünztales, der sich mit Höhen so zwischen 900 und 1000 m stundenweit von der Hornisgrinde nach Osten bis zum Murgtal erstreckt. Der Wald auf den Südhängen gehört der Murgschifferschaft, die Nordseite ist Staatswald.

Zum Bergrücken hinauf schlage ich einen »Gänger« ein, einen der alten schmalen Hut-, Pirsch- und Holzhauerwechsel. In gleichmäßiger Steigung, manchmal im Zickzack führt er durch die hochstämmigen Fichten-Tannen-Fohren-Mischbestände zur Grinde hinauf; er ist nicht als Wanderweg markiert, doch an Hand der Karte läßt sich der Einstieg finden. Förster, Waldarbeiter und Jäger scheinen den Pfad seit langem nicht mehr zu begehen, heute sind überall fahrbare Wirtschaftswege gebaut, und mein Gänger ist verwachsen und verfallen. Bald verliere ich ihn und steige pfadlos durch Blockwirrnis und Beerkraut die Halde hinauf, finde den Pfad wieder und verliere ihn endgültig. Dann legt sich der Hang zurück, in das Nadelholz mischen sich die ersten Birken und kündigen die moorige Grinde an. Es schimmert hell durch die Stämme, der Rücken ist erreicht.

Grinden heißen die langgestreckten Rücken mit ihren Moor- und Heideflächen. Die Bezeichnung *die Grinde* kommt von dem mittelhochdeutschen und in der Jägersprache noch lebendigen Wort *der Grind*, was Kopf bedeutet. In meiner Lahrer Mundart spricht man von einer *grindigen Katze*, deren Kopf mit Schorf bedeckt ist, und Katzenkopf heißt denn auch der ehedem württembergische Zipfel der Hornisgrinde. Ja, wie ein brauner Schorf überziehen Moor, Heide und Krüppelholz die hohen Rücken und kämpfen mit dem Wald. Die Grinden sind eine sich selbst überlassene Welt und eben darum reizvoll für Wanderer, die bereit sind, sich der großen Einsamkeit auszusetzen.

Ich folge dem Trampelpfad über die Lange Grinde nach Osten durch die Kampfzone zwischen Wald und Wildnis, in der sich Schnee und Sturm ausgetobt haben, durch sperriges Fallholz, taunasses Heidekraut und hüfthohen Farn. Felsblöcke sind mit dicken Moospelzen überwachsen. Im schwarzen Morast ausgetrockneter Tümpel steht das Trittsiegel eines Hirsches, und Hirschlausfliegen verfangen sich mir im Haar. Jetzt steckt das Rotwild in den Dickungen, es hat Feistzeit und bereitet sich auf die Anstrengungen der nahen Brunft vor.

Zur Linken reißt ein Kahlschlag das Altholz auf und öffnet einen Blick über das Tal von Hundsbach. Wald, Wald, Wald! Drunten leuchtet aus dem Tannendunkel der Wiesenfleck des Viehlägers mit seiner Handvoll Häuser. Um die Mitte des 18. Jahrhunderts hat man hier in der Einöde Holz- und Floßknechte aus Tirol angesiedelt und mit ihnen das abgelegene Waldgebiet erschlossen und nutzbar gemacht. Aber noch vor fünfzig Jahren war die Hundsbach das Ende der Welt. Ich muß es wissen, denn als junger Mensch bin ich einen Sommer lang hier hinter den sieben Bergen daheim gewesen, habe im Wald in einer Blockhütte gehaust und ein gänzlich unzeitgemäßes Herrenleben geführt. Vierundzwanzig Stunden am Tag bin ich Förster und Jäger gewesen. Manchmal, wenn der Weg zur Hütte zu weit war, schlief ich im Wald, einfach unter einem Baum.

Wahrscheinlich habe ich mir dabei eine Krankheit geholt, die sich darin äußerte, daß ich ein Lied dichten mußte, von dem ich nur noch eine Strophe weiß:

Der Wald, der ist das Leben wert,
ihm hab ich mich ergeben,
ich leb in ihm und er in mir
mit Berg und Tal, mit Baum und Tier,
der Wald, der ist mein Leben.

Der Überschwang hat sich gelegt, auch andere Dinge haben Anspruch auf mein Leben erhoben und sind mir wichtig geworden, doch im Grunde hat sich nichts geändert. Der Wald ist mein Lehrmeister geblieben, Gleichnis des Großen Ganzen, wo nichts ohne Sinn ist, keiner für sich allein lebt, alles mit allem zusammenhängt, Werden und Vergehen ein und dasselbe sind.

Unwiderstehlich zieht es mich den Nordhang hinab in mein altes Reich. Seitdem ist freilich fast ein halbes Jahrhundert vergangen; wo damals alter Wald stand, wächst heute junger, und die Jungwuchsbestände von einst sind inzwischen zu stattlichem Baumholz herangewachsen. Aber dort den Dobel erkenne ich wieder, unter jener zottigen Tanne saß ich an vom Abend bis zum Morgen, um für den Chef die brunftigen Hirsche zu verhören. Er meinte, daß man unten anfangen muß, wenn man ein hirschgerechter Jäger werden soll, und hatte recht. Jagd ist kein Sport und kein Spaß, sondern ein Handwerk, männlich und schwer an Mühen und Verantwortung; wer diese Seite der Jagd nicht kennt, dem entgeht das Beste. Mit dem grünen Rock habe ich auch die Büchse an den Nagel gehängt, doch damals orgelte und dröhnte es von allen Halden herüber und hinüber, daß das nächtliche Tal widerhallte, und da hockte ich kleines Menschlein in der Brandung urgewaltiger Stimmen und schämte mich fast, ein Mensch zu sein und nicht schreien zu können wie ein Hirsch.

Auf dem endlos langen Horizontalweg wandere ich durch die Halde talauswärts. Eine Waldarbeiterrotte treffe ich bei der Arbeit; von den Alten ist keiner mehr dabei. Ich suche meine gute alte Hütte, sie gehört jetzt einer Ortsgruppe der »Naturfreunde«; junge Forstmänner kommen heutzutage nicht mehr dazu, ein Leben zu führen, wie es mir noch vergönnt war. Ich steige den steilen Schleifweg zur Höhe hinauf, der Grinde und dem Schurmsee zu, trete droben hoch über der großartigen Kar-Nische wie auf einen Balkon hinaus, und drunten schlägt der See sein dunkles Auge zu mir auf. Wo man damals zwischen Fichtendolden hindurch auf den See und in das Gewinkel der Waldberge blickte, ist jetzt junger Wald hochgewachsen, dafür hat an anderer Stelle der Sturm die alten Bäume entwurzelt und über die schroffe Wand hinuntergeworfen, und der Blick ist noch freier geworden.

Es geht auf den Mittag, als ich am Ufer stehe, ein paar Gäste aus Schönmünzach beeilen sich, rechtzeitig zum Essen zu kommen, und ich bin allein. Ich ziehe mein schweißnasses Zeug über den Kopf, hole Landjäger und Apfel aus dem Rucksack, setze mich auf den Brettersteg und hänge die heißgelaufenen Füße ins moorbraune Wasser. Ein schmaler, heller Ring rötlichen Torfmooses und vergilbenden Rasens faßt den kreisrunden Spiegel ein, und die Tannen umrahmen ihn so feierlich wie eh und je. Stets habe ich mir vorgestellt, daß hierherum das Glasmännlein wohnen müsse:

»Schatzhauser im grünen Tannenwald,
bist schon vielhundert Jahre alt,
dir gehört all Land, wo Tannen stehn,
läßt dich nur Sonntagskindern sehn!«

Leute wie den Kohlenmunkpeter glaube ich jedenfalls vorhin unter den Waldarbeitern erkannt zu haben. – Immer wieder wundert es mich, wie vor 160 Jahren Wilhelm Hauff sein Märchen »Das kalte Herz« schreiben konnte, ohne mindestens einen Sommer lang in der Hundsbach und am Schurmsee gelebt zu haben.

Selbstverständlich muß ich auch dem Blinden See Grüßgott sagen, dem benachbarten, schon fast völlig vermoorten Karsee. Zu meiner Zeit war er noch unerschlossen, nur der Hirsch suchte das Moor auf, um sich zu suhlen. Und hie und da ein Jäger natürlich. Nahebei an einer Wildwiese steht eine Jagdkanzel. Davor sind Äpfel ausgeschüttet, die mich so verführerisch rotbackig anlachen, daß ich mir den schönsten auflesen muß, – Gravensteiner, gutes Tafelobst, wenn das keine kapitalen Hirsche gibt! Und am Rande des Moores ist vor der Bretterhütte eine Fliegerbombe aufgestellt, ein Blindgänger; selbst im heimlichsten Winkel des Schwarzwalds entgeht man nicht der Erinnerung an eine unselige Zeit.

Vom Blinden See zieht sich mein Rückweg stundenlang durch den Waldhang. Gelegentlich röhrt ein Düsenjäger über die Wälder, nauselt an der Halde eine Motorsäge, brummt ein Schlepper, doch macht ihr Lärm die große Stille erst recht bewußt. Gewiß, auch schon jeder neue Forstweg bringt Unruhe in den Wald, aber Wirtschaftswege erlauben einen geduldigeren, naturgerechteren Waldbau und machen die früheren grobschlächtigen Eingriffe des Forstmannes unnötig.

»Tag des Großen Schweigens« – als ich am Abend kurz vor Hinterlangenbach auf einem Rastplatz einer Gruppe skatklopfender Spätsommerfrischler, die ich da schon gestern beim Skatspiel antraf, einen munteren Spruch hinüberrufen will, bringe ich nur ein heiseres Krächzen heraus.

Im Wanderheim war die angemeldete Wandergruppe aus dem Saarland eingetroffen. Der Wirt hatte mich bereits umquartiert – ins Schlafzimmer der Wirtsleute. Widerspruch wurde nicht angenommen; die beiden behalfen sich anderweitig – wie hin und wieder, so betonten sie.

Am Abend sangen die Saarländer ihre Wanderlieder. Ein paar Sonderschüler hörten mit offenen Mündern zu. Ich saß mit dem Wanderführer der Gruppe am Nebentisch vor der Karte; er wollte von mir Hinweise auf Land und Leute und Wanderwege. Konnte er haben.

15. 9.

Der Schulbus, der die Kinder von Hinterlangenbach nach Schönmünzach hinunter bringt, nimmt auch mich bis Zwickgabel mit und lädt mich im dicken Talnebel ab. Heute will ich auf den Großen Hahnberg steigen und über den hohen Rücken südlich des Schönmünztals nach Westen zum Wildsee laufen, ein langer Marsch hoch über Tälern und Menschen. Der Waldpfad steigt mit mir den Hang hinauf, zwischen den Bäumen stockt der Nebel. Doch bald wird es feierlich, der Nebel leuchtet auf, die Sonne blitzt dazwischen und schießt goldene Strahlenbündel durch die Wipfel und Stämme. Und dann, mit einem Mal, ist die Welt verwandelt. So muß sie vor dem Sündenfall ausgesehen haben. Der Himmel ist wolkenlos klar, und über den Bergen liegt ein sanftblauer Hauch wie auf reifen Pflaumen. An der Wegböschung hängen Gräser und Spinnhudeln voll funkelndem Tau.

Mit jedem Schritt, den ich an Höhe gewinne, weitet sich die Welt. Wald und sonst nichts. Der breite Rücken ist erreicht. Überraschend bricht er über rote Felsen ab, und unter mir im Tannenwald schläft der Huzenbacher See, einer der zahlreichen Kar-Seen des Nordschwarzwalds, Andenken der Eiszeit. Zehntausend Jahre, das ist eigentlich noch gar nicht so lange her. Eine Moorinsel schwimmt auf dem See, und vom Ufer her wächst Kraut in den Spiegel. Im Murgtal draußen wahlt noch der bleiche Nebel, wird langsam durchsichtig und läßt tannengezackte Köpfe und Kämme hervortreten. Hier lasse ich mir Zeit, obwohl noch ein weiter Weg vor mir liegt. Erst als die ersten Feriengäste aus dem Murgtal heraufkommen, reiße ich mich los und schlage den federnden Pfad ein, der mit mir über den vermoorten, verheideten Rücken zieht. Er ist von einem Schlepper aufgewühlt, der Schneebruchholz wegschleifte. Wipfelholz sperrt den Pfad, schwarze Lachen gähnen und machen das Gehen beschwerlich. Trotzdem freue ich mich über den schmalen Pfad, der mich laut Karte drei Stunden lang durch die Einsamkeit der Grinden und Misse nach Westen zum Hauptkamm führen soll.

Doch am Sattel des Überzwerchen Berges ist der alte Trampelpfad von der Schneise einer Treibstoff-Fernleitung der Nato überfahren und in ein gut geschottertes Sträßchen verwandelt. Vom Forstamt mag es als Wirtschaftsweg, vom Skiläufer als Loipe begrüßt werden, der Grindenwanderer jedoch verwünscht es. Wieder ist ein Stück Einsamkeit und Ursprünglichkeit dahin.

Ursprünglichkeit? Ach Gott, was hat der Mensch diesem weiten, herrlichen Waldgebiet schon alles angetan! Bis in die Mitte des 18. Jahrhunderts gab es keine Straße, die das hintere, württembergische Murgtal um Klosterreichenbach und Baiersbronn mit dem badischen, vorderen Tal um Gernsbach verbunden hätte; die beiden Talabschnitte waren durch die unwegsame Granitschlucht bei Forbach voneinander getrennt. Mit dem Waldreichtum des hinteren Murgtals war daher nicht viel anzufangen; Harzer, Köhler, Pechbrenner und große Viehherden nutzten die Wälder auf ihre Weise. Erst als im Jahr 1758 kapitalkräftige Unternehmer die Murg floßbar machten, kam der Fortschritt, kam das große Geschäft. In Holland brauchte man starkes und langes Holz für den Schiffs- und Hafenbau; Holländerstämme mußten bei 18 m Länge noch einen Mindestdurchmesser von 48 cm haben, und derlei Tannen wuchsen im hinteren Murgtal in unerschöpflich scheinenden Mengen. Der Herzog Karl Eugen brauchte viel Geld für seinen aufwendigen Hofstaat und überließ der Calwer Holzkompanie für vierzig Jahre die Ausbeutung der Waldungen im württembergischen Murgtal. Die Berge wurden abgeholzt, Floß um Floß aus mächtigen Stämmen schwamm die Murg und den Rhein hinab, und zurück blieb eine Wüste. Die nackten Berge waren mit dem unbrauchbaren Reisig, Gipfel- und Abfallholz bedeckt, und der größten Waldschlächterei folgte im trockenen Sommer des Jahres 1800 der größte Waldbrand, den der Schwarzwald je erlebt hat. Siebzehn Tage lang wütete das Feuer, den Rauch soll man bis über Stuttgart hinaus gesehen haben. In der Schönmünzach verbrannten zwei Flöße im Wasser. An Löschen war nicht zu denken; erst ein starker Regen hat den Brand beenden können. – Aller Wald, den ich heute durchwandere und überblicke, war damals verkohltes Land, eine Fläche von 26 Quadratkilometern. Nach dem Brand hat man die Fläche mit Fichten-Tannen-Fohren-Mischsaat wieder aufgeforstet, Asche und Kohl waren dem jungen Wald ein günstiges Keimbett. Kritisch mustere ich auf meinem Weg die Waldbestände; sie lassen die Umstände ihrer Entstehung nicht ahnen und unterscheiden sich im Wuchs nicht von den Beständen der nicht verwüsteten, nicht verbrannten Wälder, die ich gestern durchwanderte. Sie sind ohne Zweifel hier wie dort schöner, naturnaher Wirtschaftswald.

Auch die Moor- und Heideflächen auf den Höhen waren damals verbrannt, und auch hier hat die Natur sich wieder erholt. Das Braungelb des Pfeifengrases, das Schwarzgrün der Legfohrendickichte und in ihnen das prahlende Rot der Vogelbeerbäume erfreuen den Freund der Grinden und Misse. Doch läßt man der Natur ihren Lauf, so wird es dieses Bild bald nicht mehr geben; der Wald ist im Vordringen, Fichten fliegen in den Legfohren an, überwachsen und ersticken sie, die Leichen stehen und liegen überall, und unter dem Fichtenschirm folgen auch schon die jungen Tannen. Die Grinden auf dem Hauptkamm, entlang dem vielbegangenen Höhenwanderweg und der vielbefahrenen Schwarzwaldhochstraße, sind Naturschutzgebiet, damit diese Landschaft in ihrer Eigenart für alle Zeit erhalten bleibe. Aber Naturschützer, Waldfreunde und Forstämter müssen viel Arbeit aufwenden, um im Naturschutzgebiet die Verfichtung aufzuhalten. Also auch die scheinbar urwüchsige Wildnis der Grinden ist in Wirklichkeit Kulturlandschaft, nicht weniger als die Wälder gegen das Murgtal; das Wirtschaftsziel ist hier Erholungslandschaft, wie die Lüneburger Heide.

Auf dem Hauptkamm, beim Seekopf, gerate ich in ein laufendes Band von Spaziergängern und Wanderern, und die Spaziergänger sind in der Mehrzahl. Der Blick vom Eutinggrab nach Osten ist eine Attraktion geworden. Als der Straßburger Universitätsprofessor und gebürtige Schwabe Julius Euting, hochgradiger Schwarzwald-, Vogesen- und Weltwanderer, diesen schönsten Platz im württembergischen Schwarzwald sich vom König als Grabstätte bewilligen ließ, kam nur selten ein Wanderer vorbei, schaute ergriffen über die Steilhalde hinunter auf den dunklen Wildsee und hinaus über das endlos wogende Wäldermeer und störte die Ruhe nicht. Heute werfen Schwarzwaldhochstraße und Parkplatz beim nahen Ruhestein ihre Wellen bis zum Eutinggrab herauf. Früher habe ich mich geärgert über die Entweihung des Ortes durch die vielen, denen hier ein kostbares Geschenk allzu billig und darum ungewürdigt zuteil wurde. Heute denke ich milder. Immerhin laufen die Leute einer Aussicht zuliebe zwei Stunden zu Fuß. Und wer einmal den Blick vom Seekopf erlebte, vergißt dies vielleicht sein Leben lang nicht.

Unweit des Grabes suche ich mir einen Platz zwischen den Legfohren, blicke über den Wanderweg hinweg und teile den Genuß mit dem toten Professor. Auch er wird sich inzwischen an den Umtrieb gewöhnt haben.

Die Stunden vergehen. Die Sonne wandert nach Westen, der bläuliche Hauch auf den Bergen läutert sich, und die Waldberge beginnen Schatten zu werfen. Ein Windchen kommt auf, spielt mit den Fruchtdolden der Vogelbeeren, rührt ein bißchen in den Legfohren und läßt sie leise rauschen. Drunten kräuselt sich der Spiegel des Sees. Am Himmel bildet sich eine Wolke, nicht größer als ein Seidentüchlein, treibt selig durchs Blau und löst sich unversehens in Nichts auf. Wer hat sie kommen und gehen heißen? Ich bin wunschlos glücklich, und die Augen fallen mir zu.

Erst spät am Nachmittag wanderte ich über die Falzhütte nach Hinterlangenbach hinunter. Unter den Gästen waren inzwischen zwei junge Ehepaare hinzugekommen, aus Mannheim und Bochum. Ihnen war es vor allem ums Pilzsuchen zu tun, das Waidwerk des kleinen Mannes. Ich hatte alle Mühe, der Bochumerin die Furcht vor Schlangen zu nehmen: Hat die Schlange einen hellen Halbmond hinterm Ohr, so kann man sich ruhig von ihr beißen lassen, denn es ist eine ungiftige Ringelnatter.

16. 9.

Zum Abgewöhnen heute nur eine kleine Genußwanderung, noch einmal zum Wildsee. In aller Frühe, als die Sommerfrischler und Wanderfreunde noch schlafen, steige ich schon wieder zur Falzhütte hinauf, den alten Gänger, den die Förster und Jäger einst noch bei Nacht zur Hahnenbalz und zur Hirschbrunft benutzten.

Auf dem Seekopf ist es völlig still. Der See liegt in der Tiefe, in dem blanken Kreisrund spiegelt sich der Kranz der Tannen, und dahinter staffeln sich die Waldberge silberblau weit hinaus, bis sie sich am Horizont in Glast auflösen. Plötzlich beginnt der See Funken zu sprühen, die Sonne spiegelt sich gleißend, und der ganze See brennt.

Als nach einer wunderbar einsamen Morgenstunde die ersten Besucher anrücken, verziehe ich mich über die Blockhalde und ihren Urwald zum See hinunter; dort wird es, bis die Wanderer das lange Schönmünztal heraufkommen, noch eine Weile länger ruhig bleiben.

Doch da ist einer noch zeitiger dran als ich, auch ein alter stiller Genießer. Er sitzt in der Badehose am Ufer neben seinem Gaskocher, gewiß hat er im Wald übernachtet. Den Naturschutzdienst-Ausweis habe ich zwar in der Brusttasche, doch bringe ich es nicht über mich, den Mann darauf aufmerksam zu machen, daß im Naturschutzgebiet Zelten und Abkochen verboten ist. Meinen Gruß erwidert er nur knapp, ich scheine ihn bei der Morgenandacht zu stören, oder er hat ganz einfach keine Lust zu sprechen, wofür ich Verständnis habe. Ich gehe weiter, und als ich nach einer Weile mich nach ihm umsehe, hat er zusammengepackt und ist im Aufbrechen. Es ist ihm wohl zu laut geworden.

Ich verstecke den Rucksack unter einem Felsblock und streife durch das Kar, das eigentlich aus drei Karen besteht; zwei sind ausgelaufen und vermoort. Ich statte den vom Wald überwachsenen Grundmauern einer mittelalterlichen Kapelle einen Besuch ab und denke, daß vor Zeiten der Waldbruder genug damit zu tun gehabt haben wird, die rauhburstigen und streitlustigen Viehhirten zur Beendigung ihrer alttestamentlichen Kriege untereinander zu mahnen. Gedenke auch der armen Seele des Brandstifters von 1800, der vielleicht nur dem Aufkommen von frischem Weidegras auf den wüsten Kahlflächen ein wenig nachhelfen wollte. Auch in der tiefsten Wildnis geistert es von Menschen und Geschichten.

Und ich klettere zwischen den uralten, gewaltigen Weißtannen herum, die in der Steilhalde stehen wie Riesen der Vorzeit, und arbeite mich durch Felsen, Farndschungel und moderndes Holz. Der Wald in der Seewand gehört zu den wenigen Beständen, die damals der Verwüstung und dem Brand entgangen sind. Seit siebzig Jahren ist er Bannwald, haben in ihm Säge und Axt nichts zu suchen, darf er nach seinen eigenen Gesetzen wachsen und sich wandeln. Sooft ich ihn durchstreife, entdecke ich Neues. Da hat es einmal eine meterdicke Tanne über die Felsblöcke geworfen. Der Stamm ist morsch und von einem Moospelz überwuchert. Auf dem Stamm im Moos stehen in Reih und Glied junge Fichten, und ihre Wurzeln ziehen Saft und Kraft aus der Tannenleiche. Unter alten Fichten wiederum kommt Tannennachwuchs.

Bannwälder, Urwald von morgen, gibt es seit dem Europäischen Naturschutzjahr 1970 in den Staatswaldungen des Landes eine ganze Reihe. In meinen jungen Jahren war es nicht gerade üblich, daß ein Forstbeamter seiner Freude auch an urwüchsigen, nicht oder kaum bewirtschafteten Waldbeständen Ausdruck gab. Tat er es doch, und war er gar noch ein Junger, so galt er als unerwünschter »Romantiker«. Es hat lange gebraucht, bis die Landesforstverwaltung die Bedeutung von Naturwaldzellen und Waldschutzgebieten auch für die Behandlung der Wirtschaftswaldbestände erkannte, und bis sie öffentlich bekundete, daß der Wald nicht nur Holz zu liefern habe. Die Ausscheidung von Bannwäldern, die Berücksichtigung der natürlichen Eigenart und Schönheit der Landschaft, die Erhaltung der Lebensräume der heimischen Pflanzen- und Tierwelt und die Entwicklung naturnaher Erholungsmöglichkeiten sind heute kraft Gesetzes in die Aufgaben der Forstverwaltung miteinbezogen.

An diesem letzten Wandertag bin ich ein bißchen faul. Ich nehme mir Zeit, ein paar Handvoll überreife Heidelbeeren zu lesen, ein paar Handvoll eiskaltes Quellwasser zu schöpfen und mich am Ufer in die Sonne zu legen. Auf dem samtglatten See schwimmt ein Wildentenweibchen, ich suche es mit Brotbrocken herbeizulocken, doch näher als bis auf Schrotschußweite läßt es sich nicht herbei. Nun, auch Libellen und Teufelsnadeln sind eine kurzweilige Gesellschaft; mit gläsernem Klirren schwirren sie um mich herum, in prächtigen Farben schimmernd, bleiben plötzlich in der Luft stehen und schießen wieder davon. Hubschrauber sind im Vergleich mit ihnen unbeholfene Apparate.

Am Mittag steige ich wieder zum Seekopf hinauf, zu meinem Platz zwischen den Legfohren. Ich kann von dem Wäldermeer, das nach der Ferne hin verblaut, nicht genug kriegen. Daneben macht es mir Spaß, die vorbeipilgernden Menschen zu betrachen, die Rucksackwanderer und die Plastiktütenwanderer. Natürlich werfen sie alle im Vorübergehen einen Blick nicht nur auf das Eutinggrab, sondern auch auf den See und die Waldberge. Manche bleiben sogar eine Weile stehen und scheinen etwas mehr zu sehen, und ein paar machen es wie ich. Viele haben einen Fotoapparat dabei und knipsen. Ich mache einen Test. Da streckt unterm Weg eine Vogelbeerstaude ihre roten Beerensträuße ins Bild, und wahrhaftig: Die meisten Fotografen bemerken das gefundene Fressen! Sie bücken sich, tun ein paar Schritte hin und her, gehen in die Hocke und nehmen den roten Fleck mit ins Bild. Und jeder von den vielen ist glücklich, mehr als die andern von Farbfotografie zu verstehen. Ich wüßte gern, was aus den tausend Wildsee-Aufnahmen dieses Tages geworden ist.

Am Nachmittag heißt es unwiderruflich, vom Wald rund um Hinterlangenbach und vom Wildsee Abschied zu nehmen, der Bus am Ruhestein wartet nicht. Wie beneide ich den alten Professor Euting, der, wenigstens als Asche, zu jeder Tages- und Jahreszeit hier oben liegen darf!

Aber die paar Stunden lebendig sind mir doch noch mehr wert.

Vom Markgräflerland auf den Hochschwarzwald

11./12. und 18. – 20. Oktober 1982

11. 10.

Die Bahnfahrt ins Oberland, von Freiburg am Fuß der Rebhügel entlang, die von den Firsten und Kuppen der Schwarzwaldhöchsten überragt werden, war wieder einmal ein Lobgesang, ein badischer Lobgesang. Ich genoß die Heiterkeit des Reblandes vor dem dunklen Hintergrund der Waldberge.

Eigentlich wollte ich von Müllheim mit dem Bus nach Kandern fahren, um von dort auf dem »Westweg Pforzheim – Basel« über den Blauen, den Belchen und den Feldberg nach St. Märgen zu laufen. Zu Kandern im Markgräflerland waren wir daheim gewesen zehn Jahre lang, von denen ich allerdings die meisten in Krieg und Gefangenschaft verbrachte und Els mit den Kindern allein war. Und in St. Märgen auf dem hohen Schwarzwald haben wir nach meiner Heimkehr endgültig Wurzeln geschlagen. Nun wollte ich auf meiner Wanderung dieses Stück Lebensweg mit den Beinen nachvollziehen. Doch weil der Bus erst in einer Stunde fuhr, entschloß ich mich in meiner Ungeduld, gleich vom Müllheimer Bahnhof weg quer durch die Hügelzone zum Blauen zu laufen, Markgräflerland war hier wie dort. Zwar gab es da keinen markierten Wanderweg, aber, wenn man sich auf die Karte des Schwarzwaldvereins verlassen konnte, Feld-, Wald- und Wiesenwege genug. Kandern ließ sich dann einmal mit Els gemeinsam nachholen.

Der Himmel ist bedeckt, es ist kühl und spritzt ein wenig. Ich folge dem Bahndamm nach Süden über Wiesen und abgeerntete Welschkornäcker, quere die Bundesstraße und schlage das Sträßchen nach Osten ein, das zu den Häusern von Hach führt. Sooft ich mit der Bahn oder auf der Straße vorbeifuhr, hat das Nest mich angeheimelt, wie es da am Hang in den Reben lag und lockte zum Besuch, und heute endlich finde ich den Rank. Die Gasse, die Rebbauerngehöfte, das Wirtshaus sind menschenleer, alles ist beim Herbsten in den Reben. Früher roch es um diese Zeit in den Dörfern des Reblandes nach neuem Wein; heute beschränkt sich der Duft auf die Gebäude der Winzergenossenschaften, und die für Hach zuständige liegt in Auggen. In den gilbenden

Rebenhängen leuchten bunte Tupfen, stehen Schlepper mit Wagen voll Bottichen. Der Weg durch die Reben ist von Amts wegen geschlossen, doch soll ich etwa fliegen? Die Reben sind übervoll mit grüngoldenen Gutedeltrauben behangen, Schreckschußapparate klepfen und vertreiben die Vögel, und selbstverständlich widerstehe ich der Versuchung, nach den verbotenen Früchten zu langen. Vor einigen Jahren hat die Flurbereinigung Rebberg und Wegenetz umgekrempelt, meine Karte ist noch nicht berichtigt, ich frage, wen ich antreffe, nach dem Weg, und niemand findet etwas dabei, mich durch die amtlich geschlossenen Reben zu weisen. Ich frage vielleicht öfter als nötig, denn die Antworten werden mir in schönstem Hochalemannisch zuteil und wärmen das Herz. Ich erwische mich dabei, wie von Mal zu Mal meine Fragen sich alemannischer anhören. Die Kanderner Jahre haben Spuren hinterlassen.

Hügelauf und hügelab geht mein Weg dem Blauen zu, der schwarzblau über dem Rebland steht. Im Wiesengrund zwischen übervollen Apfel- und Zwetschgenbäumen liegen die Höfe von Zizingen. Da und dort steht in den Matten ein Kirschbaum in brennendem Rot. Über die Hügelrücken ist Eichwald ausgebreitet, der sich noch kaum verfärbt. Aber der Weg durch den Wald liegt voll ausgefallener Eicheln, und auch ein paar stupfelige Fruchthüllen von Kesten sind darunter.

Die fünf Häuser von Rheintal haben sich in den heimlichsten Winkel des Reblandes verschlupft und halten einen Dornröschenschlaf zwischen Wald, Matten und Reben. Ein Schopf verfällt, dafür ist ein Bungalow hinzugekommen. Dahinter wölbt sich der Eichwald höher, Braunjuragestein knirscht unter den Sohlen. Das Wiesental von Lipburg tut sich auf, und über dem Dorf reckt sich in mächtigem Aufschwung der granitene Blauen, jetzt finster unter den Wolken.

Lipburg hat sich, seit ich es zuletzt sah, gewandelt, das Nest ist ja ein Stadtteil von Badenweiler geworden, aber doch ein heimeliges Markgräfler Dorf geblieben. Johann Peter Hebel, der gute Geist des Landes, würde seine Freude an ihm haben. Gibt es überhaupt eine Gemeinde im Markgräflerland, Dorf oder Stadt, in der es nicht bis zum heutigen Tag vernehmlich hebelet?

Unbemerkt hat es sich eingeregnet. Das bummelhafte Streifen durch das Rebland hat ein Ende, jetzt wird es ernst und steil. Nein, in den Lipburger Friedhof muß ich noch hineinschauen, um René Schickele zu grüßen; er hat ja doch als erster mir, was das Elsaß betrifft, den Star gestochen.

Lange finde ich das Grab nicht, viele andere sind dazugekommen, ich lese fremde Namen, zwischen denen die einheimischen fast verschwinden, und weise Sprüche, die ein Markgräfler sich nie aufs Grab setzen lassen würde. Und am nahen Waldrand ist auch der kleine Soldatenfriedhof einen besinnlichen Augenblick wert; ich kenne keinen der Toten, doch bin auch ich einmal im Lazarett Hausbaden gelegen.

Der Gräberbesuch ist noch einmal eine Schnaufpause vor dem Aufstieg zum Blauen. Der Regen sorgt dafür, daß es jetzt bis zum Gipfel keine Rast mehr gibt. Der triefende, rauschende Wald nimmt mich unter seine achtunggebietenden Eichen und Buchen und Tannen und Felsstotzen. Ich steige und steige, kalter Wind kommt auf, jagt Nebelfetzen und peitscht Regenschauer die Halden herauf. Wo Blößen das Altholz unterbrechen, erkenne ich zu meinen Füßen wie durch ein beschlagenes Fenster das Lipburger Tal und draußen die weitgeschwungenen Waldrücken. Dann verschwimmt alles in der Trübe. Ich mühe mich durch Sturm, finsteres Gewölk und struppige Fichten. In den hohen Lagen hat vor einigen Tagen der erste Schnee das Kraut niedergedrückt und von den Ästen das grüne Laub gerissen und auf den Pfad geschüttet.

Ich stoße auf die rote Raute des Westweges, der ich die nächsten Tage folgen will, und aus dem Grau taucht vor mir der Umriß des Blauenhotels auf.

12. 10.

Alles grau in grau. Die Fichten vor dem Fenster sind nicht zu sehen, wohl aber zu hören, der Wind hürnt in ihnen. Auch das gute Frühstück ändert daran nichts, und ich muß den Berg verlassen, ohne vom Turm über das Dreiländereck am Rheinknie und auf das liebe alte Kandern hinunter geschaut zu haben. Oder soll ich hier besseres Wetter abwarten? Ich lasse mir, was ich noch nie getan habe, die telefonische Wettervorhersage durchgeben. Sie ist bodenlos schlecht und kündigt ein Sturmtief an. Aber Wanderwetter ist immer, rufe ich mir die Losung jedes aufrechten Wanderers ins Gedächtnis und entschließe mich, auf jeden Fall bis zur Egerten zu wandern. Der Sattel der Egerten ist der tiefste Punkt auf dem Weg zum Belchen, und vielleicht komme ich dort aus den Wolken heraus.

So stolpere ich den Pfad zur Egerten hinab. Doch auch dort steckt der Wald in einer Milchsuppe. Warum nicht auch einmal Milchsuppe, doch was soll ich den ganzen Tag bis zum Belchen und vielleicht auch noch den nächsten bis zum Feldberg bloß mit Milchsuppe anfangen? »Wanderwetter ist immer!« – Gschwätz, saudumms! Grimmig mache ich linksum marsch nach Badenweiler hinunter. Erst bei 800 m komme ich aus den Wolken heraus. Am Bahnhof kann ich schon nicht mehr begreifen, daß es in der Höhe so trostlos schlecht sein soll, und beinahe lockt es mich, zum Westweg zurückzukehren.

Glücklicherweise siegte die menschliche Trägheit, denn als ich am Nachmittag daheim landete, von Els mit erleichtertem Aufatmen begrüßt, hatte der angekündigte Landregen eingesetzt, der fünf Tage dauern sollte.

18. 10.

Als endlich am sechsten Tag das Wetter sich bessern zu wollen schien, brachte mich eine gute Seele zur Egerten, und wo ich meine Wanderung unterbrochen hatte, setzte ich sie fort.

Hier ist der Westweg nach meinem Geschmack. Als schmaler Pfad zieht er sich hoch am Hang durch die herbstbunten Wälder. Wo dem Berg der alte Tannen-Buchen-Pelz streifenweise abgezogen wird und an seiner Statt Nadelholzkulturen die Sicht freigeben, schweift der Blick wie ein Vogel über die tiefen Falten des Waldgebirges und über die Reben der sanften Vorberge. Die Rheinebene draußen ist von Dunst erfüllt, aus dem fern die Vogesen aufsteigen. Durch die Dunstschicht stoßen weiße Dampfsäulen aus elsässischen Fabriken.

Als ich auf der Höhe beim Kreuzweg ins Freie trete, öffnet sich nach anderthalb Stunden Wald eine andere Welt: die waldfreien Rücken und Köpfe von Heubronn und Neuenweg und in den Wiesenmulden die Höfe mit den tief in die Stirn gezogenen Walmdächern. Der Belchen stemmt seinen Stierrücken in den Himmel. Die granitene Wolkendecke beginnt sich aufzulockern, und im Süden bricht ein Spalt Blau auf. Mit Lust schreite ich über den kurzgeweideten weichen Wasen. Ich bin im Gebiet der ausgedehnten Gemeinde-Weidfelder. Erst beim Haldenhof verschluckt mich wieder der Wald. Die schroffen Nordhänge stürzen in die Tiefe des Münstertals, und der

Bergwald gibt mich erst wieder frei, als ich bei den Felsschrofen des Hochkelchs das Belchenweidfeld erreiche.

Vollends zum Höchsten hinaufzusteigen verhebe ich noch eine Weile, dort wimmelt es mir jetzt noch von allzuvielen Besuchern, die vom großen Parkplatz beim Belchenhotel hinaufspazieren. Ich lege mich vorerst einmal in ein Polster von purpurblättrigem Heidelbeerkraut, lasse mir die warme Sonne ins Gesicht scheinen und blinzle über das Gewoge der Berge im Süden und Westen. Überm Dunst der Ebene steht der Kamm der Vogesen. Im Süden jenseits der Hochrheinmulde reihen sich die Faltenketten des Schweizer Jura, und darüber leuchten die Alpen.

Die Augen wandern den Vogesenkamm ab. Unverkennbar hebt sich drüben als Höchster der Sulzer Belchen heraus. Seit über hundert Jahren zerbrechen sich mehr und minder Gelehrte den Kopf über den Namen der beiden Belchen im Schwarzwald und in den Vogesen. Weil Urkunden und Bodenfunde fehlen, sind die Sprachforscher hinter dem Geheimnis des Namens her und deuten ihn bald keltisch, bald althochdeutsch. Auch mich hat die Sache vor Jahren einmal beschäftigt, indessen habe ich mich gehütet, den Keltisten und Germanisten ins Gehege zu kommen. Aber im Streit der Sprachforscher war es bisher offenber niemandem aufgefallen, daß es außer dem Schwarzwald- und dem Vogesenbelchen noch einen Berg gleichen Namens im Schweizer Jura gibt. Ich war dem eher unscheinbaren Namensvetter der beiden markanteren Belchen auf einer Jurawanderung begegnet, und er stellte sich mir als schmaler, bewaldeter Grat vor, den eine tiefe Scharte in Ruchbelchen und Belchenfluh spaltet. Diese auffallende Kerbe macht den Jurabelchen auch vom Schwarzwaldbelchen aus kenntlich. Mir gab es damals zu denken, daß er der Gestalt der beiden anderen Belchen so gar nicht entsprach, und ich fragte mich, ob die üblichen Deutungen des Belchennamens, die von den mächtigen waldfreien Gipfelkuppen ausgingen, schlüssig sein können, wenn sie sich auf Eigenschaften beziehen, die nicht allen drei Belchen gemeinsam sind. Und noch unverständlicher schien mir, daß keiner der Stubengelehrten den Umstand beachtete, daß die drei Belchen in einer bestimmten geographischen Beziehung zueinander stehen: Der Jurabelchen liegt genau südlich, der Vogesenbelchen westlich vom Schwarzwaldbelchen. Durfte man diese »natürliche Ortung« übersehen? Konnte sie nicht vielleicht bei der Namenserklärung weiterhelfen? Keltische Kultstätten standen ja oft in bestimmter geographischer oder astronomischer Beziehung zueinander. Und der keltische Sonnengott hieß Belenus. Ob wohl Johann Peter Hebel etwas von einer vor alters kultischen Bedeutung des Belchen geahnt hat, als er in ihm die »erste Station von der Erde zum Himmel« sah? Vielleicht ist es auch heute noch ein letzter unbewußter Rest Ehrfurcht, der den Belchen als einzigen unter den Schwarzwaldhöchsten von Aufbauten frei bleiben ließ. Möge das Gipfelkreuz, das man vor kurzem droben aufgerichtet hat, dafür sorgen, daß es so bleibe!

Am Belchen liebe ich es, mich zu überraschen, indem ich zum freien Gipfel durch den urigen Wald und die Felsen der Nordabstürze hinaufsteige. Der glitschige Felsenpfad scheint, nach den Spuren zu schließen, ein beliebter Gemsenwechsel zu sein. Über das Winterhalbjahr bleibt ihm die Sonne fern, und zwischen den schattenschwarzen Storren abgestorbener Fichten blendet das Buchengold gewaltiger Gegenhänge herauf. Wenn ich dann über die Waldgrenze vollends zum Höchsten steige, bin ich jedesmal aufs neue überwältigt vom Tiefblick in die Abgründe hier des Münstertals, dort des Kleinen Wiesentals. Jetzt schiebt sich von Süden eine schwarze Wolkenfracht über den Himmel, die Bergketten des Jura werden beschattet und tauchen tintenblau aus dem milchigen Dunst der Täler. Dahinter, wieder in der Sonne, schimmern opalen die Alpen.

Der Belchen ist bis zum heutigen Tag eine Grenzmarke, auf seinem Scheitel laufen über die Bergrücken die Grenzen der Talgemeinden, liefen vorzeiten die der Herrschaften zusammen. So ist er auch der alte Eckpfeiler des Markgräflerlandes, daher auf dem Höchsten der Grenzstein von 1790. Wenn ich mich rittlings auf den Lochen setze, bin ich links markgräflich badisch und rechts vorderösterreichisch, links protestantisch und rechts katholisch. Protestantisch in mehrfacher Hinsicht waren meine Vorfahren väterlicherseits, soweit man von ihnen weiß, und ich bin es auch; die Großmutter mütterlicherseits stammte aus dem Breisgau, und ihr verdanke ich den Sprutz katholischen Blutes, den ich zuweilen dankbar empfinde.

Die Wolke fingert nach der Sonne, Schatten überfallen schon die nahen Berge und löschen das Licht aus. Jetzt wischt es dunkel auch über den Belchen und bald im Norden über den Schauinsland und im Osten über den Feldberg. Aus der Wolke sprüht es, die Menschen beim Gipfelkreuz verschwinden zum Belchenhaus hinunter, aber jetzt tritt der Jura wieder schärfer hervor, und die Alpenkette glänzt immer prächtiger. Die Wolke hat sich über die Ebene ausgebreitet, verschmiert dort häßlich den Himmel und verschluckt die Vogesen. Ich gehe zum Belchenhaus und besorge mir ein Nachtquartier.

Am Abend, als auf dem Berg alles still ist, treibt es mich noch einmal zu einem Rundgang hinaus. In der Ebene liegt schon Dämmerung. Nebel kriecht in die Täler, über dem Dorf Neuenweg kräuselt sich blauer Rauch. Der Himmel ist schwarz, und Jura und Alpen sind verschwunden.

19. 10.

In der Nacht, als ich zum Fenster hinaussah, war von Sternen nichts zu sehen, wohl aber in der Rheinebene ein funkelndes Lichtermeer. Morgens kroch dicker Nebel die Täler herauf. Da und dort überfiel er wie ein Wasserfall die Höhen.

Vor dem Abstieg leiste ich mir noch einmal den Rundweg um die Kuppe überm steigenden und fallenden Nebelmeer. In einem messingenen Wolkenschlitz im Süden stecken Bruchstücke der Alpenkette. In den Fichten des Nordhanges wird mir der nahe Anblick einer munteren Gemse zuteil. Und wenn ich noch so sehr über die Unvernunft schimpfe, die vor Jahrzehnten im Schwarzwald Gemsen eingesetzt hat, ohne an ihre empfindlichen Verbißschäden im jungen Wald zu denken – bekomme ich eines der Tiere zu Gesicht, so ist von Ärger keine Rede mehr.

Der Westweg läuft weiter auf der schroffen Rheinseite um den ungeschlachten Klotz des Heidsteins mit seinen rostroten Buchenhängen. Stück um Stück wird der Buchenwald abgetrieben und in einträglichere Nadelholzbestände umgewandelt – oder in noch einträglichere Skiabfahrtsschneisen. Freilich, auch die fast reinen Buchenbestände sind das Ergebnis wirtschaftlicher Verhältnisse vergangener Zeiten; man brauchte die Buche als Brenn- und Kohlholz für den Münstertäler Bergbau.

Zum ersten Mal auf meiner Wanderung begegnen mir Wanderer, das scheint mir bemerkenswert. Einige Male sind es ältere Ehepaare, einmal eine Schulklasse – wer denn sonst sollte unter der Woche Zeit zum Wandern haben.

Beim Wiedener Eck führt der Westweg auf die weite freie Höhe der »Böden«. Zwei, drei Höfe folgen noch ein Stück weit den Hang hinauf bis in Tausendmeterhöhe. Der Wanderer begreift, daß das Gebirge besiedelt, geschwendet und gerodet worden ist, wo immer das Gelände dem Vieh

162

als Weide dienen konnte; der Wald war menschenfeindliche Wildnis, und ihn zu Feld zu machen, war ein gottgefälliges Werk. Inzwischen ist auch der Wald Kulturland so gut wie das Feld, freilich naturnäher.

Nebelschwaden quellen vom Tal herauf und hüllen die Halden ein. Zuweilen reißt ein Loch auf, ein in den Hang geducktes Haus und weidendes Vieh werden sichtbar. Im Nebel brummt ein Schlepper, der – man riecht es – Gülle versprüht. Für dieses Geschäft ist das Wetter wohl eben recht.

Zwischen Steinmäuerchen und Elektrozäunen laufe ich über den breiten, kahlen Rücken. Zuweilen treten die Schatten mächtiger Weidbuchen aus dem Nebel hervor und verschwinden. Baumgestalten prägen das Bild dieser freien Höhen, Persönlichkeit eine jede. Sie sind die letzten Übriggebliebenen des alten, durch Viehweide aufgelösten Waldes, ihre Zeit ist um, und Nachwuchs haben sie keinen.

Uns Höhenwanderer freuen die freien Weidberge und ihre schönen alten Bäume. Wir sorgen uns um sie und empören uns, wenn wieder einmal einer der alten Gesellen einem Wegebau, einer Aufforstung, den Maßnahmen der Weideinspektion oder der Flurbereinigung zum Opfer fällt. Wir fordern die Erhaltung der Weidbäume und mit ihnen der Hans-Thoma-Landschaft. Die Höfe an den Halden sehen wir nur von weitem, und mit den Menschen, die darin leben, kommen wir kaum ins Gespräch. Aber wie will man über Natur- und Landschaftsschutz reden, ohne die Lebensverhältnisse der Menschen dieser Landschaft zu kennen? Die eigentlichen Probleme der Landschaftspflege sind die Probleme der Bergbauern, die diese Landschaft bewirtschaften. Im Schwarzwald, südlich des Feldbergs, herrscht Realteilung, sind die meisten Höfe keine Vollerwerbsbetriebe, und der Bauer ist auf einen Zuerwerb im Wald, bei der Gemeinde, in den Fabriken des Tales und auf die Hilfe des Staates angewiesen. Ohne diese bleiben die Jungen nicht mehr auf den Höfen; die Häuser werden zu Ferienheimen, und das nicht mehr beweidete Feld wächst zu, verhurstet oder wird aufgeforstet. Es wird wieder zu Wald, der es vor tausend Jahren war. Seit ich das letztemal über die »Böden« ging, ist viel Weidfeld mit Fichtenkulturen aufgeforstet worden.

Am Trubelsmattkopf wird der Nebel dünn und kalt. Er hängt in den Fichtenbeständen, die mit ihren flechtengrauen, stacheligen Schäften und den vom Schnee geköpften Wipfeln bei diesem Wetter von einer abstumpfenden Häßlichkeit sind. Auch einem Forstmann kann die ewige Fichtenei aufs Gemüt schlagen. Als in der Nähe des Notschreipasses wieder Mischwald mit roten Buchen und gelben Ahornen die Fichten ablöst, atme ich auf.

Bis zum Stübenwasen hat der Nebel sich eingedickt. Ich hoffte, er werde sich oberhalb der 1200-m-Linie auflösen, und für den Fall, daß er dies nicht täte, liebäugelte ich insgeheim schon mit dem Gedanken, dann eben kurzerhand durch den Katzensteig nach St. Wilhelm zum Bus abzusteigen. Dann könnte ich noch zum Kaffee daheim sein und heute nacht im eigenen Bett schlafen. – Doch wie das manchmal so geht: Am Stübenwasen, im dicken Nebel, schimpfe ich mich einen Schönwetterwanderer und gehe, grad z'leid, einfach über den kahlen Stübenwasen zum Feldberg weiter. Zu sehen gibt es noch immer nichts, aber das Gefühl, mit sich zufrieden sein zu können, ist auch etwas wert.

Und wie das auch so geht: Zuweilen wird Tugend belohnt. Auf der 1300-m-Linie kommt ein Windstoß, trennt wie mit einem Messer den Nebel vom Boden und hebt ihn ab. Schwarze Fichtenschachen und einzelne Weidbäume stehen plötzlich da, und dunkel zwar, doch klar liegt das Gebirge unterm bleiernen Himmel. Nur um den Belchen herum qualmt es noch wüst. Auch der Feldberg, der sich jetzt vor mir erhebt, hat die Glatze in einer dicken Wolkenkappe verhüllt. Auch gut; so brauche ich mich nicht mit seinen Fernseh- und Radartürmen herumzuärgern, an die ich mich nie gewöhnen werde.

Was auf dem Weidfeld des Stübenwasens an Bäumen steht, sind Fichten; die Weidbuchen der »Böden« fehlen gänzlich. Da auch hier offenbar nicht mehr geweidet wird, hat sich der Wasen schon völlig mit jungen Fichten angesamt. Der Stübenwasen gehört zum Naturschutzgebiet Feldberg; wenn nicht etwas Energisches geschieht, wird er, Standort subalpiner Pflanzen, Augenweide und Tummelplatz der Wanderer und Skiläufer, in wenigen Jahren zugewachsen sein. Natürlich werden sich die Todtnauer über den unentgeltlichen Zuwachs an Gemeindewald anstelle ertraglosen Weidfeldes freuen; aber wenigstens einen zweihundert Meter breiten Streifen über den Rücken sollte man offen halten.

Bei der Todtnauer Hütte ist ein Arbeiter des Forstamts damit beschäftigt, den Feldberghang vor dem Zuwachsen zu bewahren, indem er den Fichtenanflug absäbelt und verbrennt. Wir unterhalten uns; er meint, das sei doch rechtes Wanderwetter, weil man nicht schwitze. Da hat er freilich recht.

Die Wolkenkappe auf dem Höchsten umschließt mich und gibt mich auch hinterm Grüble nicht mehr frei. Blind tappe ich auf dem Trampelpfad durch den kahlen Hang. Am Scheidbach breche ich in eine Schneewächte, die vom Schneefall Ende September liegen blieb und wohl bis zum Frühjahr liegen bleiben wird.

Als ich am Rinken vor dem Gasthaus stehe, fliegt ein Leuchten durch den Nebel, und unversehens ist strahlendblauer Himmel über mir.

20. 10.

Strahlender Morgen, strahlende Herbstfarben. Der braune Baldenweger Buck setzt sich gegen den dolomitenblauen Himmel mit einer schmalen Schneeborte ab.

Der Morgen freut mich wie selten einer. Wie ein Salzmann laufe ich durch den jungen Fichtenwald. Auf dem Gras am Wegrand liegt Reif, der, wo die Sonne ihn erreicht, sich in kräuselnden Dampf verwandelt. Von den Ahornen rieselt das gelbe Laub. Ich erinnere mich an den schönen alten Bergmischwald, der hier stand, bis er nach dem Krieg einem Franzosenhieb zum Opfer fiel, und an den riesigen Kahlschlag mit den hunderttausend bleichen Stumpen, bei deren Anblick einem das Herz blutete. Danach wurde die Fläche mit Fichte angepflanzt, und jetzt bin ich freudig erstaunt, wie viele Buchen und Ahorne sich in den Fichten eingefunden haben. Der Schneebruch bringt es an den Tag.

Im Rufenwald ist der alte Bergwald in seiner urwüchsigen Pracht und Herrlichkeit erhalten geblieben und funkelt, indem ich der Sonne entgegenwandere, in allen Farben. Zwischen den Stämmen glänzt der Nebel, der im Bärental liegt, wie gesponnenes Glas. Zwei Stunden Wald – hier heißt er Rufenwald, da Wunderlewald, dort Imberywald oder Ospelewald. Die Namen erinnern daran, daß um die Mitte des vorigen Jahrhunderts zwischen Feldberg und Hinterzarten noch der Rufen-, der Wunderle-, der Imbery-, der Ospelehof standen, eine Reihe großer Bauernhöfe, über deren Hausstätten heute der Wald rauscht. Hier war die Besiedelung in ein Gebiet absoluten Waldbodens und -klimas vorgeprellt, wo Landwirtschaft in Krisenzeiten immer anfällig ist. Nur der Raimarti- und der Häuslebauernhof haben durchgehalten.

In Hinterzarten geht es auf zehn Uhr, die Kurgäste sitzen noch beim Frühstück. Nur der Herr Lehrer, der Herbstferien hat, ist vor dem Schulhaus mit dem Farbfilm hinter den Spitzahornen her, von denen einer feuriger glüht als der andere.

Der dicke Morgennebel über dem Hochmoor ist gerade dabei, sich nach dem Titisee zurückzuziehen. Selbst das ernste Moor flammt und jubelt heute. Der Fußpfad durchs Moor ist wegen Überflutung gesperrt, doch das Messing, Kupfer und Gold der herbstlichen Weiden und Aspen, Birken und Ebereschen im Dunkel der Fichten und Fohren ist nasse Füße wert.

Das Sträßchen bringt mich nach dem Heiligenbrunnen, wo ich Wiedersehen mit dem Westweg feiere, der sich gestern auf dem Feldberg im Nebel spurlos davongemacht und nun nach einem Umweg über den Titisee wieder eingestellt hat. Miteinander ziehen wir über die Breitnauer Höhen mit ihren Bauernwäldern und Weidfeldern. Jetzt, nördlich des Feldbergs, sind wir im Gebiet der Geschlossenen Hofgüter, der unteilbaren, abgerundeten stattlichen Bauernhöfe. Jeder der Höfe, die drunten an der Halde liegen, hat oben am Berg seinen eigenen Wald und sein eigenes Weidfeld mit einem Berghäusle, und auf den Lessteinhaufen der Hofgrenzen hat sich Flurgehölz angesiedelt; das gibt der Breitnauer Landschaft ihr weiträumiges Gesicht. Nach Osten strecken sich bis zu den Quellen der Donau lange Waldrücken und flache Wiesentäler. Im Westen ziehen sich die bewegten Linien und die tief eingeschnittenen Talfurchen zum Dreisambecken hinunter, und wo sie von Süden und Norden zusammenlaufen, liegt in einem braunen Dunst die Stadt Freiburg, und am Horizont schwebt hauchzart die Kammlinie der Vogesen.

Und jetzt voraus, sehr fern noch, aber vertraut sonnt sich auf der Höhe das Häusernest von St. Märgen um die alte Klosterkirche. Bei seinem Anblick ist mir, als wäre ich, wer weiß wie lange, fortgewesen.

Auf dem Hohlen Graben nehmen wir endgültig Abschied voneinander, der Westweg und ich. Er biegt nach Osten ab, zur Kalten Herberge. Ich habe geradeaus noch ein Stündchen Weg vor mir. Wie oft bin ich ihn schon gegangen hin und her, ein paarhundertmal wird es gewesen sein in den fünfunddreißig Jahren, und ich bin ihn noch nicht satt geworden. An Waldrändern entlang hebt und senkt er sich über den breitgewölbten, weitgeschwungenen Rücken, der den Feldberg mit dem Kandel verbindet, den Blick bald zur Rechten, bald zur Linken in Tiefen und Fernen. Die steilen Hänge der Täler sind dem Wald verblieben, und auf den Höhen weidet buntes Vieh und Pferde vom Schlag der St. Märgener Füchse mit hellen Mähnen und Schweifen. Die Höfe bergen sich in den Mulden oder herrschen frei auf den Hangschultern, jeder eine Welt für sich. Alle sind sie durch Aus- und Umbau den betriebswirtschaftlichen Notwendigkeiten der neuen Zeit angepaßt, doch haben sie alle, was ihnen kein Heimatpfleger erst zu sagen brauchte, die bewährte heimatliche Gestalt des Schwarzwaldhauses mit dem großen steilen Walmdach über Mensch und Vieh bewahrt. Sie sind von der Landschaft geprägt und prägen die Landschaft, und so stimmt denn auch dies hier zusammen. Nicht als ob hierzuland die Welt noch heil wäre; auch zu St. Märgen menschelt es und haben die Leute ihre Sorgen. Und doch, meine ich, ist die Welt noch nicht gar so sehr durcheinander wie anderswo.

Vor mir winkt das Dorf, versteckt sich hinter einer Waldkulisse und lugt ein Stückchen näher wieder hervor. Zuletzt nimmt mich der Pfisterwald auf, der gute Freund, der so viele Jahre mir und den Meinen in die Stuben des Forsthauses schaute und rauschte. Er begleitet mich bis nahe an die ersten Häuser des Dorfs. Und dann bin ich daheim.

Bilderklärungen